Daniel I
*Monto*

CW01668393

# La force de la douceur

Un autre esprit en action pour le XXIe siècle

*Préface et illustrations humoristiques*
José Santos Nalda Albiac

*

*Contribution*
Docteur Paul Chauchard

Les Éditions de l'Éveil
*Collection Sakura*

« Aux centaines de pratiquants qui ont participé à l'élaboration de cette nouvelle discipline et particulièrement aux maîtres Kobayashi, Krystazek et Lemonnier. »

Remerciements :
- aux dessinateurs : José Santos Nalda Albiac et Sophie Chékaoui,
- à la secrétaire : Rose-Marie Laveau,
- aux photographes : Dominique Chékaoui et Emmanuel Gomez,
- au correcteur : Yvon Laigle,
- à l'éditeur : Thierry Plée,
- aux partenaires :
  Antoine Laborde,
  Djamel Boudrissa,
  Rose-Marie Laveau,
  Sylviane Lazennec.

© Les Éditions de l'Éveil, 1998.

Directeur de collection : Thierry Plée — textes : Daniel Lazennec — dessins : José Santos Nalda Albiac et Sophie Chékaoui — photographies : Dominique Chékaoui et Emmanuel Gomez — correcteurs : Valérie Melin — conception : Spirit of the Wind — photogravure : Graphitop — imprimerie et brochage : Publigraphic.

1-1000-PUB-8/98

*La loi du 11 mars 1957 interdit les copies ou reproductions destinées à une utilisation collective. Toute représentation ou reproduction intégrale ou partielle faite par quelque procédé que ce soit, sans le consentement de l'auteur ou de ses ayants cause, est illicite et constitue une contrefaçon, sanctionnée par les articles 425 et suivants du code pénal.*

ISBN 2-912795-02-8

## PRÉFACE

Daniel est un homme qui n'aime guère marcher sur les sentiers battus. Son attention et son observation vitales l'amènent à observer objectivement tout ce qu'il vit au quotidien et à exprimer son avis, ou à proposer de nouvelles façons d'agir là où il le croit nécessaire et bénéfique.

À vrai dire, je ne connais pas l'Aï-Doï bien que j'aie lu le manuscrit de l'auteur et ai pratiqué une demi-journée avec lui.

Il connaît très bien l'aïkido et le zen, comme de nombreux maîtres ou professeurs de ces disciplines japonaises, mais il n'aime pas la forme qu'elles ont prise ces quinze à vingt dernières années. Peut-être est-ce là la raison de sa non-conformité avec la façon d'enseigner ou de transmettre ; ceci même dans le contenu qui constitue les programmes actuels, ancrés dans le passé ou servant les intérêts d'une organisation pour maintenir une certaine autorité égotique sur les pratiquants.

L'auteur et un de ses amis en 1981, au cours d'une démonstration d'aïkido au dojo de Villejuif, Val-de-Marne. Exemple type de travail horizontal et dualiste.

On constate trop souvent, partout, l'incohérence vivante entre les principes fondamentaux de l'aïkido, et d'autres arts martiaux, et le comportement de leurs adeptes - sauf quelque méritoire exception -

au point où personne ne saurait donner une définition vraie sur la nature et les buts de cet art merveilleux.

De nos jours, toujours plus de gens sont de moins en moins attirés par les arts martiaux fondés sur la violence ou l'agressivité sauvage, malgré leurs résultats efficaces face à une éventuelle agression. Ils cherchent des activités, ou des loisirs, qui puissent leur apporter une harmonie et une paix intime avec eux-mêmes et avec les autres, comme une voie d'entraide et de prospérité mutuelle.

Mais à part le zen, ou le yoga, quels autres chemins ou méthodes vrais pouvons-nous trouver parmi les nombreuses offres de toute sorte qui envahissent le marché de la pseudo-auto-réalisation ?

Daniel a perçu, et a compris cette nécessité, et en s'appuyant sur sa précieuse expérience, a voulu nous apporter un nouveau sentier qu'il a appelé AÏ-DOÏ, dont la structure rejoint les principaux besoins et les remarques des gens pour s'épanouir et développer la totalité de l'être.

Il ne manque pas de vitalité et d'imagination pour mettre en place ses idées et ses projets pour lesquels je lui souhaite le plus large accueil et le succès.

Je crois que son Aï-Doï apporte quelques nouveautés aux pratiquants d'arts martiaux au sujet de l'auto-conscience et de la dynamique relationnelle : vraie éducation de l'art du mouvement et ses influences sur soi-même et sur le partenaire.

Je vous convie tous à l'écouter avec attention, car il vous offre de petits morceaux de sagesse universelle avec **le langage de nos jours**.

## CONTRIBUTION

### « *COMBAT NON-VIOLENT, FORCE DE LA DOUCEUR* »

**par le docteur Paul Chauchard**
**neurophysiologiste et neuropédagogue, directeur honoraire de l'École des Hautes Études de Paris Sorbonne et auteur de nombreux livres, dont *Zen et cerveau* édité aux éditions Le Courrier du Livre (1976).**

Nous vivons dans un monde dénaturé et dénaturant, d'insatisfaction et d'incohérence.

Il est source de violence physique ou psychique et entraîne un état pathologique de déséquilibre pour l'agresseur comme pour l'agressé.

S'il faut lutter contre les raisons sociales de la violence, c'est qu'elle est inacceptable car déshumanisante, comme le montre la connaissance des mécanismes de l'agressivité.

Les travaux de Lorenz et de Karli l'ont bien expliqué. On ne saurait donc se défendre de la violence par la violence et il ne serait pas meilleur de subir dans la résignation ou de s'échapper par la fuite, comme Laborit en fait l'éloge.

La violence est un phénomène proprement humain, naturel mais dénaturant car l'homme peut se libérer des mécanismes animaux de limitation de la violence intraspécifique à l'espèce, de l'inviolabilité du territoire ou du respect d'une hiérarchie justifiée.
Par exemple, le loup tend son cou à l'agresseur, ce qui arrête le combat.

La violence qui apparaît comme un signe de force est

en réalité une manifestation de faiblesse, un indice de peur. L'homme est un être social qui a besoin de bonnes relations avec les autres, dans l'égalité respectueuse des différences mais il a peur des autres et attaque pour ne pas être attaqué.

Prêcher la nécessité hygiénique de la douceur et de l'amour ne sert à rien si on y voit une impossible faiblesse inefficace. Il n'y a là rien de tentant pour le dynamisme de la jeunesse qu'il ne s'agit pas de refouler.

Laborit a bien démontré les déséquilibres psychosomatiques de l'inhibition de l'action. Mais il est une autre action qui est AGIR SUR SOI. Agir sur soi, non pour **se refouler** ou **se défouler**, mais pour **se contrôler** dans la lucidité, le calme et la paix intérieure. Ceci en toutes circonstances.

S'entraîner à une relaxation qui est tout le contraire du négatif sous lequel la plupart des occidentaux profanes le perçoivent. La relaxation est une active tendresse qui n'a rien à voir avec une mollesse de désengagement.

Cette action sur soi est un difficile combat, mais un combat non-violent qui nous fait sentir la force et l'énergie de la douceur qui est lucidité vigilante face à la violence aveugle. C'est donc un comportement libérateur.

Il est à l'opposé des illusions des fausses libertés spontanées où la volonté n'est pas le volontarisme déséquilibrant de la violence contre soi. Cette douce volonté, cette résolution est un exercice de la fonction cérébrale de contrôle célébrée et enseignée par le docteur Vittoz.

C'est la terrible erreur de l'occident de désincarner l'âme en la séparant du corps, la rendant ainsi inefficace.

Le combat non-violent, c'est être présent à son corps, au monde et aux autres. Cette présence s'exprime dans la vigilance. L'humain peut donc se calmer par la réceptivité sensorielle et le contrôle de l'imagination.

C'est dans cette perspective qu'il faut comprendre la valeur et la justesse efficaces des arts martiaux. C'est ceci qu'il faut sentir dans leur pratique ou tenter de les pratiquer en ne les confondant pas avec une agressivité violente.

C'est un combat beaucoup plus efficace car vigile, où on ne se laisse pas convaincre d'attaquer un innocent bouc émissaire. Bouc émissaire sur lequel on détourne notre agressivité aveugle.

Ainsi les arts martiaux ne sont pas seulement une manière juste et efficace de se défendre : ils rentrent totalement dans le cadre des techniques de neuropédagogie, par la conscience que l'on porte à la totalité de son être. Les arts martiaux apprennent à se conduire en homme vrai, en fonction de la vocation inscrite dans les lois du bon fonctionnement de notre cerveau.

S'humaniser et humaniser, c'est-à-dire amoriser, apprendre à aimer en est la conséquence.

Évoluer et se défendre mieux, en fait, il s'agit de notre équilibre général, de toute notre vie individuelle et sociale. Il s'agit de travailler pour cette société de tendresse, cette vraie société humaine que Teilhard de Chardin prophétisait sous le nom de noosphère.

# INTRODUCTION

Chère lectrice, cher lecteur,

Je choisis de mettre au masculin mes propos pour faciliter et alléger l'écriture et vous remercie, mademoiselle ou madame, de comprendre ce choix.

Notre époque et notre civilisation arrivent à un moment historique où tout s'accélère. Les hommes construisent des machines permettant de fabriquer de plus en plus vite et de communiquer quasiment dans l'instant. C'est un temps de prodigieux essais technologiques et d'inconnus fantastiques, un temps où nul ne sait où il mènera l'humanité. Une époque qui contient des possibles en quantité inimaginable autant qu'imprévisible. Des paradoxes entre richesse et misère, entre prouesses intellectuelles et analphabétisme, entre les extrêmes dont les limites reculent chaque jour un peu plus. Une période où la communication humaine est de plus en plus difficile et de moins en moins spontanée. Une ère où l'individualisme porte l'ego au pinacle jusqu'à envisager de se cloner... Bref, une ère nouvelle durant laquelle il nous faudra choisir entre une humanité psycho-égopathe et une humanité sensible, consciemment reliée aux sensations biologiques et à l'environnement, qu'il soit humain, animal, végétal, minéral ou autre. D'incroyables propositions pour nous et pour les générations qui suivent la nôtre se font jour. Elles sont complexes et tellement variées qu'il est bien difficile de s'y retrouver et de prendre une direction qui ne soit ni un repli sur soi, un refuge ou une fuite de la dynamique actuelle, ni une cause inconsciente ou motivée par l'appât du gain ou du pouvoir, ni d'essayer de suivre en subissant. Mais peut-être trouverons-nous un axe pour étudier par le vécu notre propre humanité, à partir de nous-mêmes selon une introspection qui peut nous conduire à équilibrer nos perceptions et apporter à notre existence plus de conscience sur le moi et l'autre. L'Aï-Doï propose cette dernière option pour que l'humanité continue une marche humaniste et technologique à partir de son vécu intra-humain. Notre mental projette toujours vers l'extérieur et oublie son propre support et son prolongement : notre corps. C'est à cette conscience corporelle que ces quelques lignes vont s'adresser. Ceci afin qu'à partir de ce corps de vie, l'humain vive et rétablisse l'équilibre entre un ego mental et un corps vivant. Il existe différents niveaux de consciences que j'ai évoqués dans mes ouvrages précédents (voir *Au Cœur de la Vie, Présent d'Orient*, et *L'Éveil du Sixième Sens*). Je ne les développerai pas ici pour ne pas couper des arbres supplémentaires et vous guider vers ces livres.

Pratiquant les arts martiaux depuis vingt-cinq ans et m'y adonnant avec gourmandise depuis quinze ans, j'ai pu observer sur moi-même et dans certaines situations, des réactions qui ont alimenté le cheminement aboutissant à cette discipline qu'est l'Aï-Doï. Les vingt-deux ans de hatha yoga ont développé ce corps vivant par cette conscience cellulaire dans l'opiniâtreté et la douceur. Ils ont fait naître la reconnaissance d'une vie biologique profonde que chaque instant découvre dans le merveilleux mystère qui échappe à l'humain même s'il sait cloner un humain à trois pattes… déséquilibré cérébralement. Ce fait engendre un respect du vivant et replace l'être en tant que fruit de l'univers et non en tant que maître de l'univers. Une forte humilité qui n'est pas soumission mais devient épousailles actives et conscientes des lois biologiques par lesquelles l'homme est régi. C'est donc à partir du corps vivant que cette lucidité naît et non d'une construction sociale et intellectuelle ou d'une seule construction intellectuelle.

L'Aï-Doï flirte avec les budō par cet aspect. Morihei Ueshiba plaçait sa recherche « Aikidō » dans l'esprit et le vécu cosmique et ses lois. La dynamique relationnelle de l'Aï-Doï prolonge ces perceptions car il est en partie l'enfant de la dynamique Aikidō. Un maître d'arts martiaux témoigna que l'Aï-Doï aurait pu être créé par maître Ueshiba s'il avait vécu jusqu'à nos jours.

Le facteur essentiel qui a engendré l'Aï-Doï est l'expérience de vacuité et de lumière vécue dans l'assise du zendō, après tout le travail préparatoire qui a éduqué l'ego à lâcher prise laissant la place à la conscience ancrée dans le corps vivant et conforme dans les actes au comportement juste. Lorsqu'est dévoilée à l'humain cette réalité, toute notion de dualité vient à s'envoler, à disparaître, ce vécu révolutionne le « voyant » et produit une véritable métanoïa. La vie bascule alors dans de nouvelles perceptions et valeurs. Elle se concrétise de différentes façons durant les moments vécus et je vais tenter de vous faire partager avec des mots ce que cette discipline offre de possibilités pour nous, humains, et dont tout ce qui nous entoure bénéficiera automatiquement car rien ni personne n'est séparé du tout, sauf par notre propre aveuglement.

# HISTOIRE RÉSUMÉE DU ZENDÔ ET DES BUDÔ

L'histoire des *budō* (*bu* : arrêter la lance, déposer les armes et *dō* : chemin vers le concept *bu*) et l'implication du zendō dans leur contenu et même leurs formes ont été remarquables.

## HISTOIRE DE SHAOLIN

Le vingt-huitième patriarche bouddhiste après Siddharta Gautama, Boddhidharma (Enseignement de l'Éveil) introduisit, avec le véritable bouddhisme « orthodoxe », le *vajnamushti* au sein de son Enseignement afin de redynamiser ses nouveaux disciples chinois qui venaient de lui demander de les guider vers l'Éveil.

Leurs attitudes étaient si faibles qu'il leur enseigna cette discipline de circulation d'énergie dans le corps. Cette étude les prépara, peu à peu, à construire la juste posture du Bouddha. L'attention, la concentration (penser à partir de tout son corps) et la maîtrise de la respiration sont nécessaires pour atteindre les différents niveaux de conscience et les comportements qui en sont les reflets au sein de cette spiritualité concrète qu'est le bouddhisme tch'an, en chinois et zen en japonais. Il existe plusieurs écoles issues du même tronc.

Boddhidharma

Cet ensemble de mouvements enchaînés, dont le Taijiquan et le Qigong en gardent les traces actuellement, a été par la suite utilisé pour défendre le temple de Shaolin attaqué à plusieurs reprises. Ce *vajnamushti* effectué rapidement s'avéra un moyen efficace de défense. Il fut au fil du temps perfectionné pour atteindre toujours plus d'efficacité. On peut donc dater au sixième siècle, avec Boddhidharma, le début des relations entre les budō et le zendō.

## LE JAPON DES SAMOURAÏS

Au douzième siècle, le maître zen Dogen (Anneau de la Voie) crée le *zen-soto* et introduisit dans le cercle des samouraïs l'entraînement à la posture du Bouddha : zazen.

Elle forgeait le guerrier à la non-peur, à la vigilance de l'instant, développait ses cinq sens et le sixième, très important pour un bujutsuka (celui qui s'adonne aux armes) : le sens des perceptions du corps. Celui-ci développe la conscience dite cellulaire. Elle autorise les perceptions énergétiques immédiates, ne passant pas par les zones analytiques du cerveau. Cette dimension humaine leur permettait de percevoir le moment et l'endroit de l'attaque dans un duel.
Néanmoins, par cet enseignement les pratiquants touchaient là une dimension inhabituelle qui les amenait souvent à aller plus loin. Ainsi,

Maître Dogen

certains qui l'avaient ressentie se dirigeaient vers la Voie de la Réalisation en continuant le zendō.

Cette dynamique vers la spiritualité (ce qui s'occupe de la direction de l'âme dans les voies de la perfection), la spiritualité concrète, à partir du corps et du comportement comme est la base du zendō, influença toute la société japonaise.

On a vu fleurir à cette époque des arts divers, tous issus de cette forte pratique qu'est le zendō : l'art du tir à l'arc, la calligraphie, la cérémonie du thé, l'art floral, la poésie, la peinture et d'autres disciplines qui composèrent une partie de la culture nippone.

## QUATRE SIÈCLES PLUS TARD

Miyamoto Musashi, mercenaire, s'illustra alors comme la référence du guerrier japonais. Il créa un style de combat, une stratégie et laissa un ouvrage : *Le traité des cinq roues.*

La quête de cet homme commença par les armes puis la voie des armes et se dirigea rapidement vers la volonté de comprendre le sens de son existence et enfin vers l'Éveil. C'est à ce moment qu'il rencontra le maître zen Rizaï Takuan (concombre) qui l'instruisit, l'éduqua et le guida vers les réalisations suprêmes.

## XXe SIÈCLE

Maître Kano

Maître Funakoshi

Le temps des samouraïs s'achève avec la naissance de ce siècle. Les maîtres des écoles de bujutsu (techniques de combat) modifient les buts de leur art et les destinent à l'éducation. La notion de ***dō*** (chemin d'initiation) fait son apparition. Les maîtres Jigoro Kano et Gichin Funakoshi furent les grandes figures de ces nouvelles écoles de formation : le **jūdō** (voie de la souplesse) et le **karatedō** (voie des mains vides).

Tout un ensemble de nouvelles règles fut érigé pour transformer la finalité des arts et parvenir à un entraînement formateur de la personnalité. Ainsi on peut noter les notions de souplesse ou de mains vides qui laissent penser à l'humilité authentique faite de forte présence intérieure et du contrôle des expressions égotiques. On accède là à la maîtrise de soi-même par le corps, la conscience active grâce à la vigilance acquise.

L'art de combattre est devenu un outil au service de l'ÊTRE et non plus un but au service du COMBAT, du SAVOIR, du PARAÎTRE ou de l'AVOIR. La courtoisie, le respect, le courage et d'autres objectifs moraux concrets étaient les nouvelles valeurs humaines et sociales de ces disciplines.

## LE CAS DE MAÎTRE UESHIBA

Un expert de différentes écoles d'armes et de combat s'appliquait à une synthèse dans le même esprit que les deux exemples précédents. Cependant, comme cet homme était prêtre, extrêmement pratiquant, il élargissait sa conscience et ses actes à une dimension humaine plus vaste que le social.

Maître Ueshiba vécut l'expérience mystique transformatrice qui est une métanoïa. Cette révolution intérieure est identique à celle des maîtres zen ou des mystiques chrétiens, elle transforme totalement le regard, la façon de penser et de se comporter.

Il s'en est suivi que sa forme de budō s'est modifiée dans ses objectifs et dans ses formes tout au long de la vie de cet homme empreint de la Paix de son expérience.

Toute une philosophie spécifique se dégagea de sa pratique complète de l'**aikidō** (voie du Souffle d'Amour). Cette pratique englobait aussi bien les aspects « spirituels » (prières, méditations, incantations et rituels) que gestuels (gymnastique et travail des mouvements « martiaux »), et il ne faut pas omettre la forte éducation qu'il donnait à ses disciples les plus proches.

Maître Ueshiba

Maître Hirokazu Kobayashi me contait quelques anecdotes qui laisseraient bien pantois certains aïkidokas d'aujourd'hui. Tout ce travail visait à dévoiler aux humains leurs dimensions égotique et extra-égotique. Son but était l'harmonie de l'humanité. Grâce à cette pratique et à cette éducation, il œuvrait à la construction d'êtres humains complets c'est-à-dire Humains.

## MAÎTRE TAISEN DESHIMARU

L'Europe a vu arriver dans les années 67/68 un maître porteur de l'enseignement du zendō de l'école du zen-soto, Taisen (grand homme sage) s'est intéressé aux arts martiaux. Il a rédigé un ouvrage à ce sujet : *Zen et arts martiaux.* Il semble que les oreilles occidentales n'aient pas entendu ce qu'il a expliqué souvent en se déplaçant dans les centres d'arts martiaux. Il y précise l'esprit qui peut animer chaque comportement, chaque geste comme chacune de nos relations. Le zendō apporte le chemin qui permet au guerrier de dépasser la « guerre horizontale », illusoire. La méthode du zendō le dirige vers la lucidité et la maîtrise de ses propres productions. Elle le porte naturellement, inconsciemment et automatiquement vers l'Éveil, véritable connaissance des choses et ouverture sur la Vie.

Maître Deshimaru

## LA TERRE

Notre bonne vieille planète ne demande qu'à nous placer les pieds sur terre grâce à sa loi de gravité.

Nos pieds donc ont la charge de se poser, plantes vers le centre de notre globe. Ils vont être sujets à une attention particulière dans notre évolution par l'Aï-Doï, aussi bien pour les massages et manipulations par la façon de se prendre contact avec le sol, de supporter le poids du corps sur tel ou tel endroit, que pour nous mouvoir. Nous construisons donc une conscience pédieuse : nous pensons avec nos pieds, comme les maîtres zen l'inscrivaient à l'entrée de leur temple.

Nos chevilles, véritables articulations entre l'appui horizontal et le début de la verticalité, reçoivent des soins grâce à des assouplissements dans leurs différents axes de mouvement. Elles deviennent souples et actives car elles auront un rôle important à jouer avec nos amis les genoux.

Ge-noux ou je-nous, homonymes qui laissent à penser en souriant que la terminologie a été choisie pour son parallèle avec la psychologie ! Pliez les genoux : quel programme ! Le nôtre va être d'apprendre à les rendre actifs pour qu'ils remplissent leur rôle d'abaisser le centre de gravité ou de le placer en position haute.

Leur fonctionnement conscient construira peu à peu une authentique disponibilité et une profonde humilité, qui n'est pas soumission.

Nous arrivons maintenant au bassin. Centre de gravité de l'être humain, nous bâtirons le véritable centre moteur, pour que tous nos déplacements naissent à partir de la partie sous-ombilicale, dans l'axe horizontal formé avec le sacrum et particulièrement durant l'expiration. Mais je reviendrai ultérieurement sur la respiration. La maîtrise de cette région de nous-mêmes est un des objectifs qui n'est pas seulement moteur mais qui aura des répercussions psychologiques capitales. De plus, cette conscience est susceptible de porter le pratiquant à aller plus loin dans son évolution et de le diriger naturellement vers la pratique du zen-vekigô qui l'amènera automatiquement à l'Éveil, appelé état de Bouddha en Orient.

Ce centre de gravité conscientisé libérera une forte énergie dans tout l'être et une santé certaine en sera la conséquence.

La partie taille, vertèbres lombaires et zone des reins, va être le premier étage au-dessus des fondations de la partie moteur qui va des hanches au bout des orteils. Comme bâtir une maison, construire la posture humaine nécessite de bonnes fondations. Les fondations psychologiques de l'humain sont fondamentalement dif-

férentes du minéral, du végétal et de l'animal puisqu'elles ont pour fonction de supporter la partie supérieure du corps, de déplacer tout le corps suivant les injonctions conscientes ou inconscientes du système nerveux mobilisant l'appareil musculaire. Ici dans l'Aï-Doï, nous tenterons de conscientiser tous les déplacements, les postures, les gestes, la respiration et les sens. C'est la fonction de la partie moteur que de conscientiser ces bases physiques et psychiques. C'est à cet effort que nous devrons les sensations d'être centré, d'être au centre physique mais aussi psychique de notre existence.

C'est dans ce centre qu'il n'existe plus de conflit interne. Le centre de gravité est le cerveau de l'action, mais aussi le siège du Vivant, comme on le verra plus loin.

## LE CIEL

Les rôles du tronc sont divers. Nous venons de parler de la verticalisation. Elle est la propriété de notre espèce animale : l'homo sapiens. Observons un petit d'humain, de un à deux ans, et nous constaterons, infailliblement, la tenue verticale de son tronc, reposant sur un bassin dont le sacrum est incliné à trente degrés à peu près et ce, qu'il soit debout ou assis, à cause de la cinquième lombaire qui est plus épaisse en avant qu'en arrière, entraînant ainsi la courbure du rachis. Nous serons attentifs à ce parallèle pour le reproduire. Pourquoi ?

La position verticale de notre espèce permet à l'enfant la perception maximum de ses sens et la libération de ses bras. Ces éléments engendrent une prise efficace des informations l'entourant qui vont créer toute la dynamique neurones-synapses des cellules nerveuses afin d'informer les différentes zones de son cerveau, de construire son mental et de verbaliser sa conscience. Nous pouvons aussi noter que dans les lois de l'équilibre, du moindre effort, le placement des vertèbres cervicales et de la tête en est un superbe exemple. Le petit d'homme tient toujours sa tête naturellement, les yeux à l'horizon ! Peu d'années après, notre éducation dualiste et carencée, notamment dans le domaine de la dynamique physique et comportementale, nous déforme. Et comme cette donnée arrangeait bien l'enfant que nous étions, nous n'avions pas conscience de nos mauvaises postures, ou se redresser était difficile et tous les autres étant pareils... Nous savons que maintenant, bien que nous puissions comprendre les bienfaits d'une juste position psychophysiologique, nous ne faisons guère d'efforts pour respecter les lois naturelles. C'est la notion d'effort qui sous-tend notre évolution. Le temps passe et tout s'enroule, se recroqueville comme les vieilles personnes. Notre dos s'arrondit, nous nous densifions, nous sclérosons notre corps et notre mental.

La partie haute du corps, le tronc, tendra petit à petit à se verticaliser dans l'axe périnée - n° 22 du méridien gouverneur (mère du cerveau), située au-dessus de l'emplacement originel de notre fontanelle.

Retrouver la verticalité et la dynamique posturale, vers laquelle l'aïdoïste tend, qu'il soit assis, se lève, se baisse ou soit debout. Retrouver cette attitude et l'intégrer nous demande d'être très attentifs au début de notre étude. Puis, petit à petit, pris dans le jeu de construction qu'est l'Aï-Doï, le pratiquant aura repris la maîtrise de son corps.

Cette nouvelle conscience verticale aura donné naissance à une autre conscience : l'horizontale. Qu'est-elle ? Dans notre société, nous considérons souvent l'existence par ce que nous percevons sur un plan horizontal : les relations, humaines ou avec les animaux, les végétaux, le minéral, nos rapports avec l'argent, la nourriture, la culture, le sexe, la famille, les coutumes, l'éducation et tant d'autres aspects de l'organisation humaine. La notion d'horizontalité est tout cela. Dans le corps, elle se loge surtout dans la région haute du tronc, bras compris. Dans le langage populaire, on entend :

« Jouer des coudes,
avoir les doigts crochus,
le poil dans la main,
avoir les mains moites, une bonne poignée de main,
rouler des épaules,
gonfler les torse,
être ouvert ou son contraire,
avoir le nez haut,
avoir le regard franc, limpide, fuyant…,
faire la moue,
tourner le regard ou la tête,
baisser la tête,
opiner du chef, etc. »

La qualité de notre esprit s'inscrit inconsciemment et se révèle par notre comportement tel que ces expressions nous l'indiquent. Les autres le ressentent, consciemment ou inconsciemment et renvoient l'ascenseur.

Le magazine *Science et Vie* en 1985 concluait dans un de ses articles :

« *Une attitude physique (mécanique) est susceptible de produire au niveau du cerveau le sentiment correspondant.* » J'ajoute que la réciproque est réelle. Mais gardons en mémoire cette constatation réalisée ici scientifiquement en tant que probabilité. La partie haute du corps s'appuie sur la partie moteur que j'ai décrite plus haut. Si elle a comme fondation une partie moteur inconsciente ou pas assez efficace bien que consciente, elle ne pourra pas remédier à cet état pathologique, donc à sa posture. Et malgré tous ses efforts, peu d'améliorations seront observables. L'Aï-Doï commence donc par les pieds, par construire les bases de la structure humaine qui n'est pas que mécanique. De cette partie de notre être, nous pouvons progressivement, consciemment, bâtir notre humanité, notre harmonie. C'est la traduction de ces deux termes Aï-Doï : consentir à cette dynamique unitaire et harmonieuse dans son propre être et dans l'humanité. Une fois la partie moteur consciente et efficace, le tronc va suivre. L'horizontalité et toutes ses expressions se modifieront, entraînant de grands changements positifs et constructifs dans notre existence personnelle et dans toute notre vie en général.

## LA GYMNASTIQUE DE L'AÏ-DOÏ

Elle a hérité de plusieurs arts tels l'Aikitaiso de maître Kobayashi, le hatha yoga, le zen et la médecine chinoise. Dans l'Aï-Doï, elle est une partie choisie et spécifique de la G. R. M. (Gymnastique, Relaxations, Massages). L'idée de base est que dans tout individu il y a des blocages, des freins à sa circulation énergétique, sanguine ou respiratoire. Il s'en suit une sérieuse nécessité à s'intimiser et par là même à prendre conscience que sa vie ne se limite pas à ses pensées. Notre corps est aussi nous-mêmes et est inséparable de notre cerveau. Il y a donc unité dans laquelle chaque partie de l'être humain dépend d'une autre. Nous savons aussi que par diverses expressions coutumières, le corps parle :

« En avoir plein le dos, ou le derrière,
se prendre la tête,
ça va ? (allez-vous bien à la selle ?)
avoir les boules (conscience dérangée),
se faire casser les pieds (casser ses fondations),
être bien dans son corps, sa peau ou sa tête, etc. »

Nous commençons donc chaque séance de pratique par un enchaînement de gymnastique, de respirations, de relaxations et de massages.

## GYMNASTIQUE

Sous ce nom on placera toutes les positions et actions qui agiront sur les chaînes musculaires, les fascias (enveloppes musculaires ou organiques), les articulations et la prise de conscience de l'appareil locomoteur. Un des objectifs sera la souplesse. Les étirements des muscles antagonistes à partir d'une respiration spéci-

fique rééquilibrant progressivement la stature, libérant les parties nouées de leurs mémoires sclérosantes. Par exemple : des épaules fermées par peur, timidité ou rage, peu à peu verront la musculature antérieure être allongée et la postérieure dynamisée. Ou encore des pieds raides traduisant un déséquilibre vers le haut du corps et le besoin « d'être au-dessus » retrouveront souplesse et construiront une conscience nouvelle. On note donc que c'est par l'attention intime portée au langage de notre corps qui se révèle être notre inconscient et subconscient que nous bâtissons une autre manière d'être, un autre esprit et des relations plus constructives, fortes et fraternelles. Méthodiquement et grâce à toute une panoplie de mouvements réalisés avec une respiration adaptée, nous atteindrons notre but d'acquérir une vie intime et un vécu biologique authentique. Ce nouvel état découvert et développé à chaque séance permettra un abord différent des autres personnes. Nous étudierons ces rapports humains en profondeur grâce à la dynamique relationnelle de l'Aï-Doï. Donc toutes les articulations des pieds à la tête sont sollicitées et conscientisées au cœur de cette gymnastique.

## LES RESPIRATIONS : « Une respiration, une vie »

Nous privilégierons l'expiration car il est nécessaire de vider ses poumons pour les remplir, ce que Monsieur La Palisse aurait certainement dit. Ceci demande un effort, car ce n'est pas dans notre habitude. La respiration étant automatique, nous n'en prenons guère conscience que lorsque nous avons couru, que nous sommes dans l'eau ou que l'émotion est si forte « que l'on cherche sa respiration ». Expirant inconsciemment, des gaz résiduels et des toxines demeurent dans nos poumons. C'est le premier élément qui nous convainc d'apprendre à expirer pour expulser ces gaz et les offrir aux végétaux qui seront satisfaits d'être nourris grâce à notre élan. Contents, ils nous fourniront de l'oxygène. Ils méritent qu'on les respecte, n'est-ce pas ? Les alvéoles pulmonaires s'empliront donc d'oxygène à l'inspiration et nos cellules, toutes et même celles qui nous font penser, seront mieux nourries... Voilà qui vaut la peine de s'y entraîner. Donc, l'expiration procède à l'élimination des résidus gazeux du fonctionnement cellulaire, c'est-à-dire de notre vie. Un autre facteur est celui qui est en rapport avec nos chaînes musculaires. Sur l'expiration, elles se relâcheront et nous pourrons alors bien les étirer, donc les nettoyer et augmenter leur pouvoir et leur vitesse de contraction. Elles s'allongeront encore plus et libéreront un état d'esprit serein, alors que nous resterons sans air, en détendant notre appareil muscu-

laire. Ce processus très efficace, psycho-physiologiquement, est une particularité de la G. R. M.

Dans les positions où le tronc est vertical, nous chercherons à réaliser l'importance de « l'expiration qui ferme les muscles de l'abdomen comme l'on fermerait un parapluie », et qui presse ainsi la partie sous-ombilicale, centre de gravité et d'énergie. Cette expérience est très importante, car un autre des buts de l'Aï-Doï est de permettre au pratiquant de se construire un centre : centre de gravité, centre de mobilité, centre émotionnel et centre de vie. Dans ces techniques, nous expérimenterons tranquillement ces faits, car nous sommes chacun seul, tranquille pour faire le test, comme chacun l'est dans le groupe ou l'équipe d'aïdoïstes à ce moment du cours. Nous mettrons ensuite dans la dynamique relationnelle ces découvertes en application pour aller encore plus loin.

## INSPIRATIONS

Ensuite, nous étudierons l'inspiration, les inspirations, serait-il plus juste de dire. Découvrant une gamme

étoffée de dynamiques respiratoires différentes, nous agirons sur des parties du corps et dans des domaines psychologiques dissimulés et très intéressants. Ainsi, nous retiendrons plutôt une inspiration agissant sur les chaînes musculaires antérieures de la jambe gauche (voir photo) sur l'estomac et le colon descendant, ainsi que sur les psoas iliaques, tout en participant à l'ouverture de la cage thoracique et à l'extension des chaînes musculaires internes des bras et de la gorge, comme c'est le cas dans la posture du demi-arc.

Nous découvrons ainsi de multiples combinaisons des différents muscles inspiratoires, qui vont servir nos objectifs d'équilibre, d'épanouissement et d'énergie.

Bien sûr, le premier muscle inspiratoire, le diaphragme, sera à l'honneur, vu qu'il est le maître de l'émotivité et du psychisme. C'est un muscle important pour la colonne vertébrale, un masseur irremplaçable de nos organes internes et un éveilleur de centre de gravité, tout en stimulant cet océan d'énergie que les Japonais nomment kikai tanden.

Voici quelques combinaisons inspiratoires complètes (complètes signifie que l'air parcourt les poumons du bas en haut et demande que l'on maîtrise d'abord chaque stade entre ce bas et ce haut, ces deux derniers compris) :

- postérieure le long du dos,
- antérieure,
- latérales gauche et droite,
- axiale (qui chemine du périnée au point 22 du méridien gouverneur situé au sommet du crâne et appelé par la médecine chinoise « mère du cerveau »).

Chacune s'appliquera à telle ou telle position, avec des combinaisons différentes en fonction des chaînes à nettoyer. Vous trouverez un descriptif à la fin du livre qui vous donnera une idée des applications respiratoires. Je ne suis pas convaincu qu'il remplace une authentique aide, grâce à l'œil et à l'expérience de la personne qui maîtrise. Me revient une réaction de maître Kobayashi en

1982 à Osaka, me disant : *« C'est dans ton être que doivent s'inscrire les techniques et les sensations et non sur du papier ! »* donc acte.

Ces quelques photos vous présentent certaines séquences pour vous aider dans le cheminement de cette présentation.

## LES RELAXATIONS

Une relaxation est une connexion consciente avec toutes les zones corporelles par notre système nerveux remontant des sensations au système nerveux central, qui en créera des images. C'est la prise de conscience des sensations internes, kinesthésiques, biologiques. L'autre aspect de la relaxation est le relâchement le plus complet possible de la région physique considérée. On acquiert ainsi une intelligence musculaire et nerveuse très aiguisée, tout en reconnaissant les difficultés, les raideurs, voire les blocages que telle ou telle zone abrite. C'est un agent essentiel de la connaissance du « moi » et du « soi », puis un savoir dont nous pourrons nous servir dans la dynamique relationnelle de l'Aï-Doï, et plus généralement au quotidien dans les situations rencontrées. La respiration active et maîtrisée est la main intérieure efficiente.

En fait, se relaxer n'est pas un processus passif, mais au contraire très actif et intime. Un œil non averti ne fera pas de différence entre une détente-chaise longue et une relaxation, car il n'a pas été instruit de cela. Nous sommes très incomplètement élevés, n'est-ce pas ?
C'est un signe, entre autres, que nous nous rendions compte que l'humain de cette fin de siècle, selon la data-

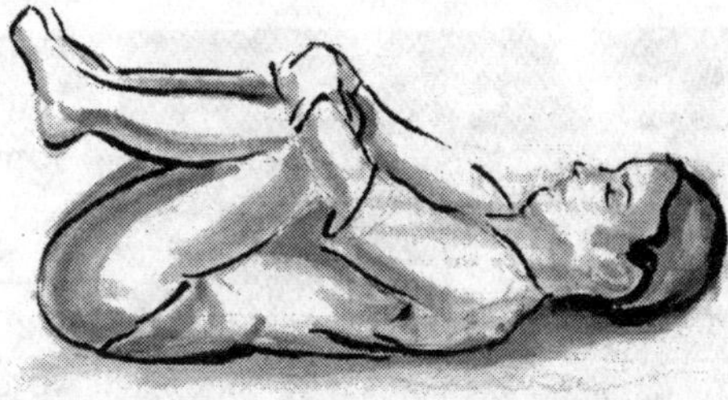

tion chrétienne, a encore beaucoup à dévoiler de ses possibilités. Tout le potentiel que cette discipline va libérer deviendra un ensemble de ressources pour l'évolution de l'espèce et un outil pour réfléchir et agir au sein de notre société. Ces réflexions et ces actions seront nourries à partir de ce corps vivant et conscient, auquel le savoir, l'autre versant culturel de l'être, et ses caractéristiques, termineront d'apporter la réponse à la situation rencontrée dans le moment. L'être vivra donc d'instant en instant, à partir de ce corps vivant, et non dans le passé ou l'avenir, coupé de la quasi-totalité de son être. C'est donc un autre humain que l'Aï-Doï se propose de contribuer à dévoiler. La relaxation est un élément essentiel de cette démarche.

## LES MASSAGES

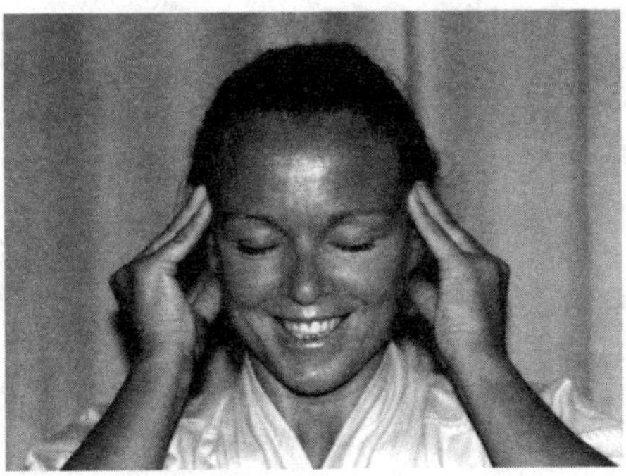

Ils sont issus des médecines orientales, comme le shiatsu et le do-in. Ils agissent sur des points énergétiques situés sur des trajets répertoriés depuis plusieurs milliers d'années et dont les propriétés thérapeutiques ont été précisément définies.

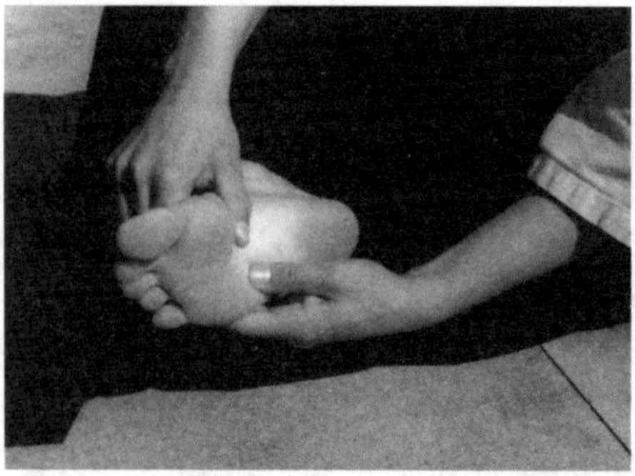

Dans l'Aï-Doï, nous nous instruisons et nous nous servons de ce savoir millénaire.

Dans notre première partie de séance, nous réservons une séquence pour stimuler certains points très précis. Par exemple sur les épaules, à la base du cou, le point 21 du méridien de la vésicule biliaire apaisera l'agitation mentale, recentrera et reverticalisera le massé. C'est cet endroit qui est stimulé par une frappe de bâton dans le zen.

Un autre encore : les « points d'attaque des poumons », à la manière d'un gorille qui se frappe la poitrine, nous les stimulons, en fermant le poing, de sorte à créer une sorte de résonance, comme un tambour. L'énergie pulmonaire est activée, l'ouverture scapulaire va libérer les sentiments (aller vers l'autre avec confiance pour recevoir de lui et échanger).

Dernier exemple, la stimulation de zones réflexes sous la plante des pieds, comme celle des reins, entraînant un meilleur fonctionnement de cet organe (filtration plus active du sang) et une humeur psychologique plus courageuse et entreprenante. Je ne vais pas recenser ce que d'autres ont déjà réalisé et je vous renvoie à une bibliographie variée afin d'apaiser votre curiosité et ne pas contribuer, plus encore, au ravage de la déforestation planétaire.

Ainsi, préparés, équilibrés, nous pouvons passer à l'étape suivante.

## LA DYNAMIQUE RELATIONNELLE

La qualité de nos relations est dépendante de la qualité de perception que nous avons de nous-mêmes. Il est donc indispensable de passer par la phase G. R. M. pour accéder à la dynamique relationnelle. Celle-ci ne peut pas exister dans sa qualité, ses perceptions et obtenir les objectifs attendus, si l'on omet les précédentes séquences. J'insiste sur ce fait car il est probable que dans le futur, certaines personnes pourraient faire l'impasse de ces séquences, de cette œuvre transformatrice et se limiter à l'aspect dualiste, voire spectaculaire de la dynamique relationnelle. L'Aï-Doï n'est pas la dynamique relationnelle, mais celle-ci est une partie de l'Aï-Doï.

Ses ancêtres les plus directs, sont l'aïkido, l'aiki-jodō et l'aiki-kendō de maître Kobayashi ainsi que le zen-vekiĝo.

Sans l'expérience du zendō, la dynamique relationnelle n'aurait pu être mise au point. Le zendō ou la voie du zen, le cheminement par le zen, inclut plusieurs expériences : la pratique de la posture de l'Éveil (zazen), de la marche et de la présence à ce qui existe ou dans ce que

l'on fait dans l'instant, puis la réflexion profonde sur divers aspects de la vie et enfin l'éducation d'un maître ou d'un Maître. Le maître est celui qui maîtrise ses manifestations égotiques et le Maître celui qui, en plus, s'est éveillé à l'indescriptible que le célèbre Boddhidharma décrivait comme « un vide insondable et rien de sacré » ou encore qu'Hildegarde de Bingen nommait « Dieu » et enfin Morihei Ueshiba, « un corps d'or ».
Cette expérience est présentée par les êtres réalisés, comme la conscience du champ ultime ou la suprême Réalisation humaine. Ce vécu de la conscience cosmique, qui peut être celui de chaque être humain, s'il le souhaite, lui dévoile la Paix absolue et l'Éternité, le plonge dans une expérience infinie et inénarrable. Une des conséquences de cela, particulièrement appliquée aux relations humaines, et notamment aux budō (chemin pour arrêter la lance ou déposer les armes) est la fin de la nécessité de ce genre de relation ou d'opposition, qu'elle soit directe, comme le karatedō ou enjolivée comme l'aïkido. Quoi qu'il en fut, le budō est une excellente école de conscientisation de notre corps et de nos problèmes relationnels. Aussi, en réfléchissant sur cette éducation de la gestion de nos actes que sont les budō et à partir de cette expérience mystique, j'ai fait le choix de chercher une autre façon de bouger, d'autres formes

Maître Kobayashi et l'auteur, Bruxelles, 1986.

d'expression que le but de projection ou d'immobilisation, voire de contrôle de l'autre, à partir du contrôle de nos réflexes, qui ne sont que le reflet de nos caractéristiques et de nos tendances que l'on nomme personnalité. L'Aiki-tai enseigné par maître Kobayashi me parut une base solide et riche. Son Aiki-tai est le plus vertical, ouvert, souple et noble qu'il m'a été donné de voir et de vivre.

## LA VERTU DU GESTE

Dans un point fermé, est contenue une rage. Cette main ne peut rien recevoir, mais elle peut, conséquence probable, tuer. Dans la dynamique relationnelle, à la place des poings fermés, des tranchants de main ou des doigts pointés vers les yeux - utilisés dans les arts martiaux - nous utilisons des gestes à mains ouvertes qui ne génèrent ni peur, ni réactions, ni violence chez celui qui émet le geste et chez celui qui le reçoit et ce, consciemment ou inconsciemment.

L'index désignant notre interlocuteur est plein de menace et d'avertissement, dont les conséquences sont facilement imaginables et imaginées d'ailleurs par notre vis-à-vis. Pousser une personne pour l'écarter ou produire un geste pour écraser un autre sur le sol, contient son message dualis-

Assouplissement des chaînes musculaires internes des bras.

te de dédain et de violence. Ceci même si l'autre est d'accord pour « jouer le jeu ». Assumer cette violence en la répétant encore et encore la renforce mais jusqu'où ? C'est vrai que c'est un chemin à prendre pour la voir et la ressentir. Elle peut être très vite conscientisée, si l'éducateur la démontre et la fait vivre, puis lui apporte une autre action qui ne porte plus ce genre de violence, qui n'engendre plus de dualité.

Il en est de même pour toutes nos articulations. Prenons la façon de toucher avec nos mains, d'enrouler le poignet d'un autre... Dans la dynamique relationnelle, rien n'est laissé au « hasard », au réflexe ou à la transposition de l'expression de nos propres problèmes. Nous testons et nettoyons pour y mettre un autre message à la place, jusqu'à ce qu'il rentre dans l'A. D. N. ! Jusqu'à ce qu'il nous imprègne dans le quotidien, que notre gestuelle, notre comportement soient notre langage et nos mots.

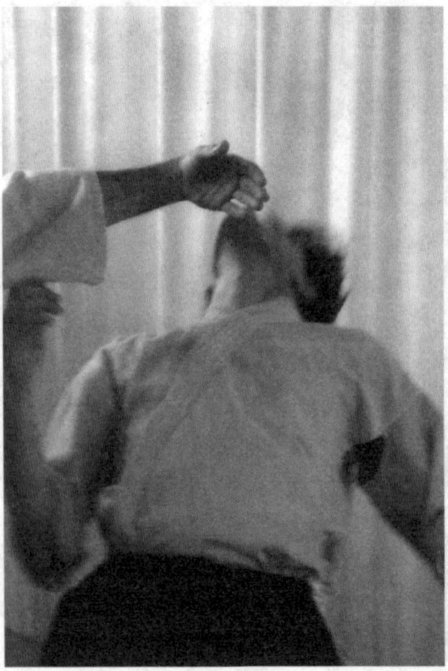

Ainsi, les conséquences de chaque instant de notre vie ne seront plus à l'image de nos peurs, de nos vérités étriquées, qui sont souvent des photocopies de nos mémoires génétiques ou éducatives, sans aucun choix de notre propre conscience égotique. Nous marchons vers notre évolution d'homo sapiens, lucides de notre comportement et acteurs de relations constructives, grâce à la générosité, la présence et la douceur que nous avons bâties, entraînement après entraînement. La paix du monde et le rire des enfants en valent la peine, sans parler de la haute qualité de l'existence que nous vivons.

Je pense aussi aux enfants qui pourraient recevoir cette éducation concrète et aux graines de conscience qui seraient ainsi semées chez eux. Toute cette dynamique comportementale est d'une richesse étonnante, offrant des perspectives humanistes et universelles. Les enfants seront les adultes de demain et c'est nous qui assumons une grande responsabilité par leur humanisation, grâce à l'éducation et à l'exemple.

## LA RESPIRATION,
## LOI DE LA DYNAMIQUE RELATIONNELLE

Afin d'obtenir un esprit calme, nous expirons en contractant progressivement les muscles de l'abdomen, comme si l'on fermait un parapluie, tout en pressant ainsi la partie sous-ombilicale. Cette expiration est très efficace, pour l'aspect psychique et particulièrement émotionnel. C'est la respiration de Vekiĝo (prononcez Vé-ki-djo), que ce soit dans la posture assise, dans la marche ou dans les autres moments vécus dans cette voie. L'autre apport de cette expiration est celui du centrage physique. Les masses corporelles sont donc rassemblées en ce lieu qu'est le centre de gravité, lui-même par les jambes posées sur la terre, grâce aux pieds dont on a vu l'importance.

Dans la dynamique relationnelle, l'écartement des pieds est semblable à un pas ordinaire. Notre centre de gravité n'est pas très bas, comme ce serait le cas si nos jambes étaient soit très écartées, soit très fléchies, soit les deux. Bien que nous ayons vu que les pieds, les chevilles, les genoux et le bassin (le moteur), sont particulièrement actifs, donc que le centre de gravité monte et descend sans cesse, la stabilité est bâtie grâce à ce type d'expiration.

Elle est alliée à la conscience aiguë du moteur et au contact particulier de la base des gros orteils, sous la plante des pieds avec la terre. Tous les déplacements seront initialisés sur l'expiration et à partir du moteur. C'est au début de cette forme d'expiration que l'on perçoit le centre de gravité avancer, entraînant tout le corps.

L'inspiration privilégie le diaphragme, afin de garder toujours la conscience du centre d'énergie éveillée. Comme il est expliqué dans le passage de la G. R. M., sur l'inspiration, nous pouvons en plus pousser vers le sacrum ou vers la jambe gauche, si le besoin s'en fait sentir, par exemple.

Les autres muscles inspiratoires peuvent être utilisés s'il est nécessaire d'agir sur le sternum, sur les clavicules, sur les dorso-cervicales ou sur le point de « la mère du cerveau » pour retrouver la sensation de verticalité qui est écoute des six sens et quiétude de l'esprit.

## LES PIEDS, LE MOTEUR

Nous savons maintenant que c'est la base des gros orteils qui prend en charge la résultante des masses du corps. Cela a l'air d'un détail, mais ça n'en est pas un !

Si nous nous plaçons debout et mettons notre poids sur les talons, qu'observons-nous ? Oui, oui, c'est une invitation. Bien, nous sommes déséquilibrés vers l'arrière et nous constatons que notre esprit est bien dans notre corps et réciproquement, car nous sommes aussi psychologiquement déséquilibrés. Maintenant, si nous sommes appuyés à droite ou à gauche, ou lourdement posés sur nos pieds, nous ne sommes guère enclins à nous mouvoir : nous sommes pesants et passifs.

Les états d'esprit qui s'élèvent du placement des masses à la base des gros orteils sous la plante des pieds sont la mobilité, la vivacité, la liberté et l'attention. Mais cet endroit a d'autres fonctions. En marchant, si nous posons le talon en premier, nous déclenchons un choc vibratoire qui se répercutera dans toutes les articulations par des micro-traumatismes, jusqu'à notre tête, contenant un des agents principaux de notre système nerveux central : le cerveau.
Psychologiquement, frapper le sol avec les talons, cela a déjà été testé par les armées nazies, entre autres, mais aussi par les enfants capricieux - sans faire de parallèle entre les deux -. Donc, poser le talon en premier est significatif et endommage le corps. Mais, si nous poursuivons ce test, nous constaterons qu'alors les fesses sont en arrière. C'est comme si le bassin ne suivait pas ce que le cerveau a décidé. On garde ses arrières en quelque sorte... On ne s'engage pas complètement, on ne désire pas vraiment échanger avec l'autre.

Le langage des actes est le véritable sens des mots. En quelque sorte, les actes sont les véritables mots.

Dans l'Aï-Doï, à partir de la poussée sur la terre, de la base des orteils, - comme les coureurs du « cent mètres » - notre centre de gravité se déplace vers l'avant, le sacrum suit exactement et le pied qui était en arrière se pose, la base du gros orteil en premier. Les orteils stabilisateurs posturaux et tout le pied sont souplement placés sur le sol, car la voûte plantaire, véritable amortisseur, joue pleinement son rôle. De plus, si nous devions reculer, c'est tout à fait possible, car tout le pied peut repousser le sol pour que le centre se déplace, ainsi tout le reste du corps suit. Ce qui est impossible en posant le talon.

Donc « Pensons avec nos pieds ».

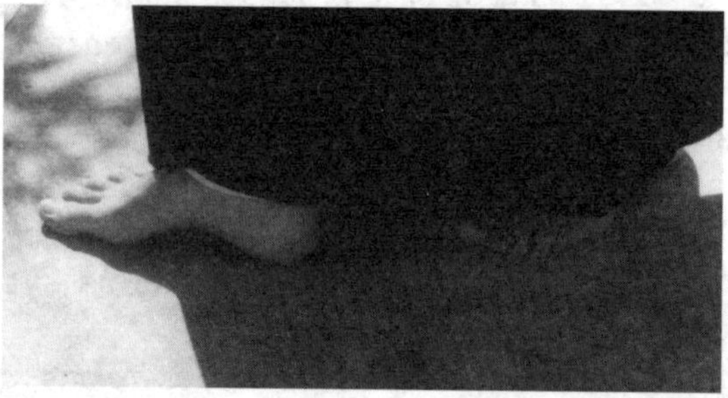

Dans cette dynamique relationnelle, tout mouvement du bassin s'effectuera en cercle et particulièrement en spirale. Pour se mouvoir, les pieds se posent sur la circonférence imaginaire d'un cercle tracé sur le sol. Pour les placer ainsi, le mouvement ne naît pas dans le pied, mais dans l'os iliaque qui s'enroule vers l'avant. Après celui-ci, c'est le fémur qui pivote quelque peu, ainsi que les deux autres os de la jambe. À la fin de ce mouvement, le pied bouge et se place justement.
On trouve la même manière de bouger, lors d'un déplacement vers l'arrière. Ensuite on avance ou on recule en cercle. Ce n'est pas anodin. Comme il suffirait d'essayer, pour que ces effets paraissent évidents !

Cette façon de bouger fonctionne comme un compas : lorsque notre jambe gauche, du haut de l'os iliaque aux orteils, se meut, elle ne peut le faire que parce que, des orteils de la jambe droite à la « mère du cerveau », nous sommes sur un plan vertical, poussant la terre et le ciel, exactement comme la pointe du compas peut être l'appui du crayon qui trace le cercle. Ainsi l'autre jambe est légère et rapide.

L'autre avantage est de pouvoir se déplacer en pivotant. Le partenaire est dans un processus centrifuge et nous centripète. Dans d'autres termes, nous rassemblons, nous recevons et notre ami donne, tout en tentant de regrouper son centre vers le nôtre, mais nous verrons cet aspect plus tard, en lui consacrant un chapitre, vu que cette relation est caractéristique de la dynamique relationnelle de l'Aï-Doï.

## QU'EST-CE QUI ACTIONNE LE MOTEUR DE CELUI QUI REÇOIT ?

Cet art va développer la présence, qui est le fruit de ce que je nomme la conscience biologique ou penser à partir de son corps, du sixième sens. Les cinq autres sens sont aussi en éveil, mais ce sera sur le sixième que nous nous appuierons pour appréhender la situation, en nous connectant avec nous-mêmes et ce qui nous entoure.

Ce sixième sens, conscience de la matière, perçoit les vibrations du partenaire telles celles qu'il émet à l'instant où il a décidé de s'approcher, de donner un élan.
C'est une perception intime, comme une sorte de relation invisible entre les deux partenaires, qui se modifie au moment de la décision de l'autre. Nous éveillons donc une réception fine de l'émission d'un certain état d'esprit de notre ami. C'est une sorte de communication par le non-dit. Grâce à cette réceptivité, nous nous entraînons, non pas à réagir, mais à développer une attention qui débouche sur la vigilance. C'est là qu'apparaissent les notions de temps et de distance. Il s'agit plus de sensations internes que de construction géométrique ou de mouvements de la trotteuse sur la montre. C'est une communication nouvelle avec soi-même d'abord et tout notre environnement, pareil aux éléments d'un même

corps qui sont reliés entre eux. La notion d'interdépendance, ce fait si souvent oublié par l'homo égotique, est concrète.

La conscience de faire partie d'un même corps, malgré que notre mental s'isole toujours, frappe à la porte pour s'installer petit à petit dans sa maison. Le temps n'est donc plus perçu au travers d'une montre, mais d'instant en instant, de présent en présent, sans s'accrocher au passé, attentif. C'est dans l'instant, ou dans un temps très court, qu'est perçu le changement d'état d'esprit de l'entourage.

Donc le temps que le geste se réalise et grâce à la dynamique du compas, le phénomène de distance parcourue par un geste est perçu autrement que dans un mouvement linéaire. Le crayon du compas fait beaucoup plus de chemin que l'aiguille pivotant sur elle-même. Bougeant de quelques degrés, le crayon décrit un arc de cercle de plusieurs dizaines de centimètres. Ne passant pas par l'analyse, par l'hémisphère de la pensée verbalisée, mais directement par l'hémisphère droit et le cervelet, nous accédons sans détours au système nerveux stimulé par cette conscience corporelle intime. Ce qui nous permet un temps d'action très court et un non-attachement aux pensées.

Nous abordons cette méthode de connexion nerveuse et musculaire au cours de la présentation par l'enseignant d'un mouvement. Assis sur les talons, la colonne, les épaules et la tête placées comme elles étaient lorsque nous étions un très jeune enfant, nos yeux grands ouverts, nous recevons directement l'information, sans la filtrer par notre analyse. Comme une fleur au soleil, nous nous ouvrons totalement, la respiration tranquille et la vie verticale dans le tronc.

C'est à partir de cet état dirigé, que nous prenons

conscience de la relation directe qui se produit avec une autre personne : elle bouge son pied droit et toutes nos chaînes musculaires correspondant à ce mouvement s'activent en nous dans l'immobilité. Lorsque nous nous relevons pour tester l'expérience démontrée, nous nous apercevons que nous n'avons pas besoin de réfléchir pour la produire car tout le système nerveux a déjà été stimulé. Il reste à rechercher la mémoire correspondante pour réaliser le mouvement. Ainsi nous passons au-dessus de nos blocages et autres réactions qui reflètent notre état dispersé et nos complications.

Les progrès sont donc très rapides et la découverte de relations ou d'états qui entraînent une communication subtile et positive nous stimule activement. Voici comment on peut saisir la fameuse expression japonaise : « I shin den shin ». Lorsque l'on veut vraiment communiquer avec un autre, il est efficace de se gouverner en s'entraînant comme je viens de le décrire.
Notre moteur centré dans le bas-ventre est placé entre terre et ciel ; il fonctionne donc à partir de ces diverses perceptions.

## LA MOELLE ÉPINIÈRE ET LA COLONNE

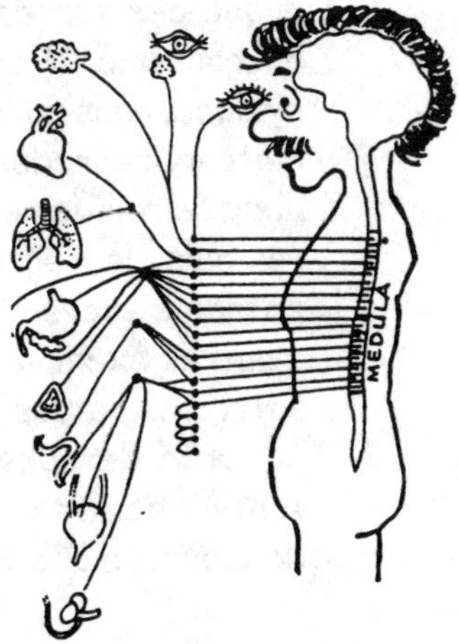


Centre nerveux prolongeant le cerveau, la moelle épinière fait l'objet d'une recherche de sensations quasi permanente pour l'Aïdoïste. Relais entre les cellules nerveuses, réceptrices et émettrices d'informations, dont certaines sont imagées par notre cerveau pour nous renseigner sur nous et notre environnement, la moelle épinière est le nerf de l'évolution vers la paix. Que ce soit au cours de la G.R.M. ou de la dynamique relationnelle, elle est étirée, vrillée, enroulée ou déroulée consciemment. Et avec elle, c'est donc toute sa structure, le rachis et toutes les chaînes musculaires qui relient le bassin au sommet de la tête qui sont activés. On peut même percevoir les répercussions du bout des orteils au sommet de la tête.

Au cours des mouvements, la dynamique qui part du centre file vers la terre qui renvoie une onde dans les jambes et dans tout le tronc, à la manière d'un cyclone. Elle se propage dans la colonne vertébrale et, par les bras, envahit le partenaire dans son ensemble.

La colonne applique aussi le système de compas, mais c'est un peu comme si une onde spiralée voyageait au travers d'elle, vers les bras et vers l'ami qui est en contact. On peut imaginer quelque chose, telle la chaîne d'A. D. N. au cœur de laquelle, dans son axe, se rassemble la dynamique spiralée musculaire pour pénétrer le partenaire tel un laser.

La dynamique relationnelle est le reflet de la dynamique des forces observables dans le macrocosme et le microcosme. Nous venons de représenter l'A. D. N. et le cyclone, nous pouvons aussi citer le tourbillon d'eau que le moteur reproduit, lorsque, tournant sur lui-même, il abaisse rapidement le centre de gravité. À la fois il aspire, puis, la force centrifuge aidant, le partenaire est entraîné vers l'extérieur. Nous pourrions prendre d'autres exemples comme la dynamique des planètes, des satellites ou des galaxies.

Afin de conserver l'attitude d'observation et d'attention de nos perceptions et nos actes, il est très utile de préciser une zone essentielle de notre colonne de vie qui est la rencontre des vertèbres dorsales et cervicales sur la ligne horizontale des épaules. C'est le siège de tensions fréquentes à la croisée de la verticalité et de l'horizontalité, de nos perceptions, de nos pensées et de nos actions.

Lorsque le mental est le maître de l'individu, on observe un fort décrochement entre les cervicales et les dorsales. Le front des pensées et la bouche semblent faire sortir la tête des épaules. Les perceptions de la vie interne, des reins et de la terre sont quasi absentes. Cette carence nous coupe, nous isole d'une mine de renseignements qui pourraient informer notre raison d'autres paramètres importants, voire essentiels à notre réflexion, nos paroles ou nos actions.

Edmond Rostand a fait dire à Cyrano de Bergerac, à l'intention de ces messieurs ne portant plus de haut col, qu'ils ne pouvaient raisonner justement, car ils avaient ôté leur pense-bête !

La veste d'Aï-Doï, en plus d'autres particularités, possède un col haut, montant jusqu'à la quatrième cervicale, afin que cette croisée d'horizontalité et de verticalité soit toujours sensible par contact avec le tissu. La moelle épinière est ainsi consciemment ressentie dans toute sa longueur, informant notre cerveau d'autres perceptions.

## LES ÉPAULES ET LES BRAS

C'est une région qui est privilégiée dans notre société occidentale. Avoir de larges épaules et des bras puissants est un symbole de force et de solidité. Les pratiquants d'Aï-Doï à leurs débuts, fonctionnent d'abord avec cette région de leur corps. Ils ont des difficultés à se mouvoir, n'ayant ni centre, ni verticalité. Leurs positions sont souvent penchées vers l'avant, les épaules enroulées et le regard vers le sol. Les bras et les mains sont alors l'expression d'un dualisme et d'une agressivité qui s'expriment ici, alors qu'ils peuvent être tolérants et aimables en société. Les mouvements de la dynamique relationnelle révèlent le fond de l'être pour mieux le faire évoluer. On peut constater que les articulations des bras sont figées. Les mains sont dures et les contacts engendrés sont donc très désagréables. En outre, il n'y a aucune stabilité posturale et le visage présente une mâchoire serrée et des lèvres pincées. La face est donc fermée et la communication n'est pas positive et constructive mais dualiste et génératrice de conflits, de maladies et de mal-être si ce n'est d'accident. N'allons pas jusqu'aux pieds, le bassin est souvent bloqué et les déplacements linéaires.

Cours après cours, une autre perception de ses possibilités voit le jour, grâce à l'attention, aux mouvements étudiés et à la qualité des échanges entre les partenaires. Puis, de plus en plus verticalisé et centré, le pratiquant deviendra producteur de cette onde dont je parlais plus haut, tout en la guidant au travers de lui-même et de son ami. Les épaules et les bras dessineront alors dans l'espace des vagues ou des spirales. Leur dynamique multipliera celle du moteur et du tronc, tout en rendant le contact de plus en plus doux et plein. Les bras seront les transmetteurs du moteur et les récepteurs du partenaire.

C'est à ce moment que l'on découvre vraiment la plénitude de la main vide, ou la manifestation de l'ego qui ne se reflète plus dans nos mains, nos bras, nos épaules ou notre poitrine. Nous allons alors voir naître de nouvelles relations avec les autres, mais pas seulement lorsqu'il y a contact avec la main. Nous entrons dans une autre sphère de perception et d'émission.

Parmi tant d'autres découvertes, nous commençons à gérer nos productions mentales et à acquérir une certaine maîtrise de notre ego qui laisse place à une conscience plus importante et plus exprimée. C'est la période où l'on passe de l'humain-automate, animé par toutes ses productions mentales, inconscientes ou conscientes, à l'humain qui voit ce processus et qui a une énergie suffisante pour commencer à choisir ce qui est conforme à son cœur-conscience, dans le respect de son prochain, la générosité, la sincérité et l'authentique humilité.

## LES BASES DES RELATIONS DANS LA DYNAMIQUE DE L'AÏ-DOÏ

Nous avons vu que la présence, précédemment exposée, représentait la base des expériences relationnelles de cette discipline. Cela est essentiel, car si nous quittions cette présence, ce qui va suivre ne pourrait être produit et nous retomberions dans un cycle infernal où la conscience endormie ne pourrait rien faire contre les manifestations de dualisme qui engendrent de si néfastes conséquences pour l'évolution, la santé, la communication et la paix. À partir de cette verticalité vivant dans ce corps conscient, la clé est donc l'attention. À chaque fois que le mouvement sera achevé, il nous faut vérifier que, soit nous sommes encore dans cette présence malgré l'action dans l'espace, soit nous devrons nous reconnecter au plus vite.

Lorsqu'on s'arrête pour observer ce que nous percevons de la vie, on prend acte que tout change sans cesse à des rythmes différents, mais que rien n'échappe à ce processus. Prenons encore quelques minutes pour nous préciser à nous-mêmes que cette loi s'applique aussi aux humains, à nous, qu'on le veuille ou non.

Le changement est le moteur de l'évolution. L'échange d'informations inconscientes ou conscientes, est le carburant de l'évolution et nous faisons partie des matériaux qui composent « l'auto-cosmos ». Le savoir est une chose mais le vivre, le faire vivre, s'harmoniser avec la loi du changement et l'épouser, en est une autre. L'humain a peur du changement, jusqu'au point qu'il préfère souvent souffrir mais rester dans l'illusion d'une situation qui lui paraît stable donc sécurisante. Nous craignons le changement, nous avons peur de la mort, du vide, de l'inconnu et de tout ce qui est différent.

À notre époque, dans laquelle le transport de personnes, de marchandises et d'informations est de plus en plus rapide, nous sommes amenés à changer de métier, de lieu, de résidence éventuellement, donc de cadre de vie, à enrichir nos perceptions et notre savoir. Ces changements sont souvent plus subis que vécus, et encore moins épousés. Cette disponibilité de conscience nécessaire, ne serait-ce que pour voir lucidement les saisons de notre existence passée, en se regardant dans la glace, devrait s'apprendre par une éducation, non pas seulement livresque, mais par la perception directe. La dynamique relationnelle forme à cela, à partir de la verticalité et du centrage. Elle est une école de disponibilité.

Si l'expérience est réalisée à deux, les partenaires sont tour à tour celui qui donne et celui qui reçoit. Alternativement et dans un même mouvement, ils le réalisent dans la construction de leur propre dynamique en restant en contact avec l'autre. Épouser les formes en restant centré. La dynamique aïdoïste est comme celle de l'eau qui, passant d'un verre dans une carafe, s'adaptera à la forme du récipient. Il n'est donc nullement question de gagner ou de perdre. La seule « guerre » que nous faisons est celle de développer notre attention pour nous gouverner au mieux, dans l'optique d'évolution et de relations constructives, dans lesquelles l'autre est l'énergie nécessaire et complémentaire à la nôtre, pour construire ensemble, dans le respect de la vie, et sans souci de pouvoir.

Lorsqu'un mouvement est réalisé correctement, sa dynamique pourra entraîner l'ami au sol, mais à aucun moment on ne l'y écrasera, ou le poussera pour obtenir cela. Ce fait sera le fruit d'un mouvement obtenu à partir d'un esprit et de gestes justes. Le partenaire vivra alors cette conséquence, sans aucune altération psychique ou physique, inconsciente ou consciente. Centré et suivant le mouvement, tout son être aura connu ce transfert d'énergie, ces spirales non agressives, et une transformation telle que le jeu et une forte complicité amicale s'installe. À chaque expérience, il semble que la peau du vieillard mue pour faire place à un corps et un esprit disponibles et ouverts.

Celui qui donne se dirige toujours précisément vers le centre de l'autre. ‹Celui-ci ne prend aucune garde et reste totalement ouvert et présent. Il laisse ses bras détendus le long du tronc ou propose d'une certaine façon un poignet ou deux. C'est la dynamique du yin et du yang. Celui qui reçoit s'ouvre, accueille puis guide en fusionnant le centre de l'autre avec le sien. Puis il donne à son tour à partir de la présence, tant décrite plus haut. L'autre reste centré, même si son centre « est dans celui de l'autre » à en faire un seul et épouse le mouvement sans le subir. Il est attentif à inverser la dynamique, pratiquement à chaque instant par son aptitude à percevoir un changement d'esprit, donc de forme chez son ami.

Au cours de ces expériences variées, nous veillerons aux règles qui régissent les budō et qui éveillent l'attention. Je parle de la relation de centre à centre, de la distance entre partenaires et de la sincérité de l'acte. Sans cela, la dynamique relationnelle deviendrait une agitation qui tournerait vite en égarement et en égoïsme. La relation duelle dans la dynamique de centre à centre doit se transmuer en échange complémentaire, construisant le mouvement, donc le changement.

## LA FEMME ET L'HOMME

Les principes du Tao, illustrés par le yin et le yang, s'imbriquant pour produire l'évolution et la dynamique, représentent l'image de la relation aïdoïste.

Ainsi la femme symbolise l'aspect yin, centripète, qui absorbe parce qu'ouverte et produit à son tour la vie. L'homme incarne le yang qui pénètre et qui donne. Ceci se vérifie alors que celui qui a reçu, absorbe (yin) et, baissant son centre de gravité sous celui du partenaire, il les unit et continue alors sa dynamique, les deux centres de gravité posés sur ses pieds jusqu'à la séparation des deux corps à la fin du mouvement. Cette description paraît presque érotique, mon but n'est pas celui-là, mais c'est ceci qui est vécu : le reflet de la dynamique du yin et du yang.

Sortant des sentiers battus, l'Aï-Doï propose que les hommes apprennent à suivre les femmes dans le mouvement, en épousant les formes, le plus centré possible, pour que nul besoin de force physique n'existe et qu'il n'y ait plus qu'un élan juste de complémentarité. La réciproque est aussi vraie, les hommes s'entraînant alors à des gestes pleins, mais non violents, non durs. Les femmes s'exercent à ne pas transposer quelques hargnes envers la gent masculine ou à régler d'autres comptes. Il s'agit donc de découvrir de nouvelles formes de relations ou de développer celles qui sont déjà vécues, si elles vont dans le sens de cet esprit d'échanges respectueux et complémentaires.

Les hommes entre eux auront ainsi acquis une présence plus forte et une main de fer dans un gant de velours, grâce à ces affinements successifs.

Ils développeront plus de masculinité débarrassée de violence ou de raideur, et produiront un mouvement plus viril, dont les conséquences seront la vitesse, la gestion de l'espace en restant en contact avec l'autre, puis la réception sur le sol. Alors que les femmes, tout en travaillant plus rapidement, roulent sur le sol dans le cas des mouvements entraînant un enroulement antérieur du corps, elles se mettent en boule d'une manière telle que leurs genoux ne touchent pas le sol et que leurs

deux bases de gros orteils puissent de suite les faire remonter, centrées, les deux jambes efficaces. Aucun choc dans cette roulade ne vient perturber les organes génitaux internes, non prévus pour cela. Les hommes effectuent aussi ceci, et, à un certain niveau de compétence, laissent choir leur corps par terre en expansion. Ce n'est pas un problème pour leurs organes génitaux, puisqu'ils sont en suspension et ils apprennent à se recevoir sans heurt sur la terre.

## LE TOUCHER ET L'EXPANSION DES CHAÎNES MUSCULAIRES

Le toucher est d'une extrême importance. Le partenaire ne doit pas se sentir prisonnier, mais libre. Il faut donc apprendre à transmettre à l'intérieur de son être cette fameuse onde, plutôt que de forcer, car cela peut engendrer une douleur ou un mal-être. C'est la force de la douceur qu'il est nécessaire d'exprimer dans le toucher.

Pour celui qui reçoit et qui est saisi au poignet, il sera attentif de le présenter neutre, puis par une onde de tout le corps, le changer d'endroit dans l'espace et de position, juste avant le contact avec son partenaire. Cela va engendrer une obligation d'adaptation très rapide de celui qui donne, qui va à cet instant devenir celui qui reçoit. Ce travail d'adaptabilité est très éducatif. On ne peut rêver. On doit maîtriser tout son corps, en restant centré. C'est une étude très instructive et très amusante, qui aiguise notre disponibilité dans le sourire.

Lorsqu'un mouvement se termine au sol par un contact continu, les aïdoïstes le prolongent par une extension des chaînes musculaires du bras qui est sollicité. Différentes extensions figurent dans le panel.

La personne qui vit ce nettoyage y contribue par son état d'esprit. C'est un état de relaxation qu'elle produit afin d'aller le plus loin possible dans ce processus sans aucune blessure.

Celui qui exécute la torsion procède avec douceur, progressivité et avec une grande écoute des possibilités de son ami. Notamment, il va harmoniser son action, sur l'expiration du partenaire, pour obtenir, comme à la G. R. M., le meilleur résultat possible. De nombreuses chaînes musculaires scapulaires sont ainsi déchargées de leurs tensions et assouplies. Le but étant toujours la circulation et l'ouverture physico-psychique de la partie antérieure du buste. L'action se poursuit jusqu'aux vertèbres cervicales et dorsales.

## DESCRIPTIF DES FAMILLES DE MOUVEMENTS

On prend comme repère de classification pour les mouvements, les dynamiques qui vont du centre vers l'intérieur et se dirigent vers l'extérieur, et celles qui vont du centre vers l'extérieur, et se dirigent vers l'intérieur. Ceci dit, de multiples combinaisons existent et peuvent se créer. Aussi nous exposerons celles dites basiques.

Dans chaque groupe figurent des dynamiques variées. Nous trouverons celles qui absorbent de manière presque invisible de l'extérieur, puis qui se déplacent vers le partenaire. Puis celles qui absorbent totalement en aspirant tel un tourbillon. Cette dynamique se réalise vers l'arrière de celui qui reçoit initialement. D'autres s'effectuent entre ces deux extrêmes.

Deux sous-groupes sont étudiés. Celui qui se termine par une extension des chaînes musculaires du partenaire et l'autre qui s'achève par une séparation des deux ou trois partenaires, soit dans une roulade, soit dans une réception masculine sur le sol ou du type tampon-buvard,

entre autres. En outre, on étudiera en parallèle des mouvements à mains nues, effectués avec un outil comme nous le verrons dans un prochain chapitre.

Il est intéressant de se souvenir que, même lorsque les partenaires n'auront pas encore, ou plus de contact physique, ils chercheront à rester ou à revenir en communication sensible avec l'autre pour affiner de plus en plus ce potentiel de sensibilité biologique.

**Premier groupe**

Les objectifs de ces mouvements portent sur la gestion du déplacement, du centre de gravité et de la qualité de relation, entre autres aspects. Les gestes sont amples et la personne qui reçoit dirige l'autre sans saisir : elle prend conscience que la relation ne s'établit pas seulement avec les mains et apprend à lâcher les tensions de ses membres supérieurs. Celle qui donne s'entraîne à suivre, à bien poser les pieds consciemment sur le sol et à épouser la dynamique, tout en restant acteur. Elle organise ses contacts, en les rendant plus profonds et plus doux, sans jamais se décentrer ou se séparer de son partenaire.

Les mains deviennent ainsi précises, douces et transmettrices de l'action verticale et spiralée du reste du corps. Elles sont « vides » : reflet de la conscience égotique unifiée.

L'amplitude de ces mouvements est importante,

créée dans une dynamique spiralée et verticale. Cette gestuelle permet rapidement de mesurer nos propres réactions avec l'autre et d'y remédier efficacement. Ces mouvements dégagent une grande énergie qu'il est indispensable de gérer progressivement.

Le retour à la terre de celui qui a été mis en expansion antérieurement s'effectue vers l'arrière.

**Deuxième groupe**

Complémentaire du premier, la trajectoire des mains qui reçoivent est très ample et s'apparente quelque peu à une ellipse au début et à une cascade d'eau à la fin. Celui qui donne sera attentif à la souplesse de ses épaules.

Autant les mouvements du premier groupe développent antérieurement, autant ceux-ci enroulent antérieurement.

Le retour vers la terre s'effectue donc vers l'avant et de différentes manières.

Peu à peu, les mains entrent en action pour apprendre le contact juste, transmetteur de l'impulsion

verticale et spiralée du reste du corps et de l'action respiratoire.

**Troisième groupe**

La spirale est, cette fois, plutôt horizontale. Toutes les chaînes musculaires du bras et de la ceinture scapulaire de celui qui donne initialement, sont en extension spiralée. Il doit donc lâcher les tensions de ce membre pour bien épouser et refléter la mise en œuvre de ce mouvement.

Cette famille nécessite, pour celui qui reçoit, d'être très attentif au placement de sa verticalité, en rapport avec son bras de contact, son centre de gravité et la vitesse de sa dynamique. Elle est extrêmement enrichissante pour découvrir et gouverner les chaînes musculaires de nos épaules ainsi que le reste de nous-mêmes placés latéralement dans l'espace.

**Quatrième groupe**

C'est la dynamique d'une spirale très verticale qui est vécue. Elle complète l'horizontale et oblique du troisième groupe.

Les mains sont plus actives que dans les groupes précédents, car les partenaires sont maintenant plus centrés et gèrent mieux leurs contacts manuels. Toujours souples et encore plus précises, elles transmettent l'énergie de la verticalité au travers de tout le corps du partenaire.

C'est une expérience très profitable pour les épaules et la masse osseuse des bras.

**Cinquième groupe**

Autant les quatre premiers sont amples, autant celui-ci regroupe des gestes s'articulant au cœur d'une

spirale. Celui qui donne initialement, portera son attention particulièrement sur ses poignets et s'attachera à suivre exactement la dynamique. Les spirales formées par ces mouvements du cinquième groupe sont parfois ascendantes, parfois descendantes et d'autres fois, elles s'articulent autour d'un axe oblique. Seul ensemble dangereux de la dynamique relationnelle, nous serons extrêmement vigilants quant à la douceur du contact et à la manière très précise de transmettre l'énergie du mouvement au travers des chaînes musculaires du partenaire. Encore une fois, cette dynamique de l'Aï-Doï travaille sur cette transmission énergétique et sur les chaînes musculaires.

Il ne s'agit pas de vaincre ou de faire mal à l'autre. La compréhension du fait de prendre la terre et le centre du partenaire est un des objectifs des mouvements de ce groupe.

Les variantes de ce groupe sont très nombreuses et toutes sont un excellent support pour réaliser ce que signifie « être de l'eau » ou « du vent ». Comme les vécus de « terre » ou de « feu », ces deux notions sont découvertes progressivement.

**Sixième groupe**

Complémentaire du cinquième, il apprend à ne pas agir sur le seul point de contact, mais à se diriger vers le centre de gravité du partenaire en l'englobant jusqu'à ses orteils. Par la canalisation d'une impulsion du bassin, il enseigne à transmettre une spirale de très faible ampleur et très pénétrante.

Le partenaire vit des ouvertures et des fermetures suivant les variantes nombreuses de ce groupe.

**Septième groupe**

Cette famille de mouvements combine les actions du deuxième groupe avec celles du quatrième. La qualité du toucher, ici à pleines mains, est importante pour l'obtention des effets optimaux. Cet ensemble couronne les études précédentes et ne peut être réalisé que si les autres phases sont acquises. Il construit une évolution intéressante de notre psychomotricité, alternant tantôt une action avec la moitié verticale droite de notre être, tantôt avec la moitié gauche. Ce mode de fonctionnement alterné est issu de la technique de déplacement lent du zen-vekigô.

**Huitième groupe**

Celui-ci englobe les mouvements qui « envahissent » ou aspirent, avec des combinaisons différentes réalisées par chaque bras. L'un décrivant une trajectoire extérieure et l'autre, une intérieure à des moments différents et enchaînés. Ils sont d'un très grand intérêt psychomoteur.

Tous les autres mouvements sont des combinaisons de ces bases.

## DYNAMIQUE A PLUSIEURS HAUTEURS

Les deux partenaires étudient à genoux les expériences relationnelles. Cette position présente l'avantage d'avoir nos centres de gravité très bas et de ne pas utiliser de jambes. Elles sont repliées, les genoux, tibias et dessus de pieds jusqu'aux orteils sont en contact avec le sol. On ne peut donc se déplacer — seuls les pieds sont créés pour cette fonction. Néanmoins, cela va nous amener à apprendre à faire travailler tout notre bassin de telle sorte que nous acquérions une grande mobilité des articulations coxo-fémorales, saccro-iliaques et lombo-sacrées.

La conscientisation de cette charnière humaine et sa souplesse active nous centreront et développeront une énergie que nous ne soupçonnions pas auparavant. Le bassin et le ventre sont directement expérimentés comme cerveau de l'action et générateurs des ondes qui amèneront les mouvements.

À genoux, on retrouvera les dynamiques absorbant légèrement ou totalement. Celui qui donne sera en appui sur ses orteils, afin de fournir une meilleure poussée.

## UN PARTENAIRE A GENOUX QUI REÇOIT ET L'AUTRE DEBOUT QUI DONNE

On retrouve le rôle précédent pour celui qui reçoit. Seulement on rajoute la notion de hauteur nettement différenciée des centres de gravité.

Celui qui reçoit apprendra à diriger, à partir du bassin, son partenaire très mobile et rapide. Son rôle est de faire bouger le centre de l'autre, de le diriger. Celui qui

donne s'entraîne là à construire une conscience de genoux dont j'ai déjà parlé.

## LES DEUX, OU PLUS, DEBOUT

La mobilité est alors maximale. L'étude porte sur la liberté de déplacements que permettent nos jambes et sur la gestion de notre équilibre dans la dynamique. L'addition progressive des deux précédentes expériences fera de cette troisième une unité.

## LES OUTILS UTILISES EN AÏ-DOÏ

Il existe quatre utilisations d'outils. Une pour le travail commun femme et homme ou homme et homme. Pour celui femme et homme ou homme et homme ou encore femme et femme, nous employons un bâton de 128 cm qui est manipulé toujours dans le même esprit que mains nues. Cette étude permet d'affiner les positions, de transmettre mieux les ondes spiralées vers le partenaire, au travers de l'outil que l'autre tient. On y comprend

le rôle des pieds, des jambes et du bassin mais aussi de l'enroulement du bras sur un axe que le bâton prolonge en transmettant à l'autre personne le mouvement. On démystifie l'arme qui est transformée en outil éducatif.

En dynamique commune, les sabres et les bâtons sont réservés aux hommes. Ces outils développent un esprit masculin, mais travaillés avec l'esprit de l'Aï-Doï. Ce qui nous intéresse avec ces instruments, c'est de dépasser la peur, de pressentir l'instant de la décision et agir dans le temps, d'une part. D'autre part, les bases du budō sont étudiées (la distance, la vigilance et une forte présence). On s'aperçoit qu'au-delà de la technique, c'est la présence qui fait la différence. Ici, nous ne nous occupons que de rester en relation directe avec le centre du partenaire et lorsque, ouverts et sans garde, nous relâchons l'émission de vibrations masculines, et qu'il « entre », nous changeons instantanément de place, donc de plan, tout en le laissant passer, l'absorbant dans un espace vide et créant une nouvelle dynamique de relations, ailleurs mais jamais loin de la première position.

Les outils ne s'entrechoquent pas ; les partenaires sont attentifs à l'instant juste. Les outils ne sont que des

intermédiaires utilisés pour brouiller l'attitude juste ou pour accéder à celle-ci. Les notions de relation entre la terre, le ciel et l'horizontalité sont étudiées. La prise de conscience de zones particulièrement sensibles (gorge, entre-sourcils, pouces, cœur ou tempes) est mise à jour. L'utilisation des outils est un exercice concret pour comprendre ce que sont la verticalité et l'horizontalité et leurs expressions dans l'action.

Le maniement de ces outils exerce l'homme à produire, à partir de son centre et de la terre, une onde qui se répercutera dans son tronc, par ses bras et tout le long de l'instrument, pour effectuer un mouvement codifié. Éveillant cette conscience biologique, c'est elle qui agit ou, autrement dit, nous nous entraînons à vivre par elle.

Cette dimension accessible à l'humain est une authentique évolution pour notre espèce.

Grâce à ces entraînements éducatifs, notre esprit s'enrichit des perceptions du Vivant. Pour la plupart des occidentaux, nous fonctionnons vers l'extérieur, ou nous limitons notre abord de la vie à ce que nous percevons de l'extérieur, même lorsqu'un accident altère notre santé ou lors d'une maladie, malgré que nous souffrions, cette notion dualiste, cette existence dualiste est notre type de relation avec le Vivant.

Il s'ensuit que nos rapports avec les autres, avec les animaux, les végétaux, les minéraux, l'air, l'eau, la terre et tout ce que nous ne percevons pas sont vécus comme éléments extérieurs à notre « moi ».

Nous sommes coupés de la dimension cosmique et globale du vivant. Aucune philosophie ni aucune croyance ne peuvent connecter l'humain directement avec le Vivant sensible.

Nous devons construire ou compléter l'éducation par cette dimension totalement humaine : la bio-conscience.

L'Aï-Doï est une des solutions, la G. R. M. et le zenvekiĝo en sont d'autres. Probablement que la danse, le sport et toute activité peuvent être vécus au travers de tout l'humain. C'est en tous les cas ce que je réalise à chaque instant et ce à quoi mes amis pratiquants s'exercent régulièrement. C'est essentiel pour tous les aspects de notre vie, que ce soit pour la réflexion, la raison, les paroles, les actions, la technologie, l'industrie, les arts, la science, la politique, la culture, l'éducation et tant d'autres choses.

C'est une véritable révolution pour notre espèce. L'objet de ce livre n'étant qu'une sensibilisation à l'Aï-Doï, je ne développerai pas ici ce sujet, mes autres ouvrages s'en chargent ou s'en chargeront.

## LES ÉVENTAILS

Les femmes vont développer la grâce et la rondeur, qui sont des traits féminins.
Les enchaînements sont construits à partir de la façon de se déplacer de la dynamique relationnelle. Ils naissent du centre vers la terre et se répercutent jusqu'aux éventails, comme circulent les ondes dans le corps, dans les autres parties de l'Aï-Doï.

L'appui des éventails sur l'air et sa résistance augmentent les sensations des mains, des poignets et tout le corps est influencé par cette perception. Cela entraîne la nécessité d'être bien centré, car cette réaction déstabilise et crée un frein dans l'élan du mouvement.

Les femmes réalisent leur gestuelle ensemble pour se synchroniser. Elles harmonisent leurs gestes par une respiration tranquille et profonde. La délicatesse, la précision, la présence et le calme de ces enchaînements, parfois lents ou rapides, sont aussi un enchantement pour le spectateur.

## LES VÊTEMENTS

Pour toute activité, l'humain crée une tenue vestimentaire adaptée à celle-ci. L'Aï-Doï reçoit ainsi la sienne. Le pratiquant est pieds nus pour être directement en contact avec le sol et nous avons vu quelle importance ont nos pieds.

Le pantalon est entièrement en coton pour qu'il ne provoque aucune irritation et soit agréable à porter. Il est taillé de sorte que les mouvements multiples ne soient en rien gênés par du tissu. La partie des genoux du pantalon est doublée, car l'usure est fréquente, vu qu'aussi bien en G. R. M. qu'en dynamique relationnelle, les genoux se plient beaucoup et touchent le sol. La taille maintenue par un élastique est doublée d'un cordon plat, du type survêtement, se nouant à la hauteur du nombril. Le pantalon est ainsi maintenu au-dessus des hanches sans glisser et sans gêner la respiration.

La veste est de type croisé à la japonaise. Les pans se nouent à la hauteur du bassin et celui qui se rabat en premier porte une poche pour y placer un mouchoir ou une petite serviette éponge. Celle-ci servira à s'essuyer le visage, les mains ou les poignets en cas de transpiration. Les contacts sont ainsi meilleurs et plus agréables. La longueur de la veste descend au niveau de l'entrejambe. Le col dont nous avons déjà parlé a une bonne tenue, souvent il est de double ou de triple épaisseur, suivant la texture du coton employé. À hauteur de la poitrine, les revers du col sont solidarisés par des liens pour deux raisons : garder la position du col pour se rappeler de Cyrano..., et pour ne pas être débraillé aussi bien pour les femmes que pour les hommes. Les manches sont de type 3/4 pour libérer les avant-bras qui sont souvent en contact avec les mains du ou des partenaires.

La couleur de cet ensemble est bleu ciel, dès que le pratiquant sait marcher, rouler, s'asseoir, se lever et est capable de produire les deux rôles ainsi que des mouvements des quatre premiers groupes.

Une ceinture de 8 cm de largeur entoure le bassin par deux fois et est fixée par du velcro. Elle presse délicatement les deux os iliaques, le sacrum et la partie sous-ombilicale. Son rôle est de rappeler au pratiquant l'importance de rester connecté avec son bassin. D'autre part, chaque expiration dirigée vers le bas du bassin pousse la ceinture. C'est donc un rappel au centrage.

Lorsque l'Aïdoïste atteint un niveau de compétence dans lequel il se meut précisément, maîtrise l'espace, reproduit les mouvements de base dans les deux rôles complémentaires et a assimilé le comportement de respect, d'entraide et de sincérité, il porte une jupe-culotte appelée hakama. Celle-ci est un vêtement d'origine shintoïste et aussi bouddhiste zen. Ses plis sont construits de la même manière que ceux de la robe des moines zen-soto. Elle est de couleur bleu marine et descend jusqu'aux orteils. Elle ceint la taille grâce à un large élastique assurant un grand confort. L'utilisation de cet habit offre de nombreux avantages pour la pratique de cet art. Sa longueur oblige l'étudiant à être attentif à la position de ses pieds, risquant sans cela de trébucher très souvent. « Pensons avec nos pieds ». Les nombreux plis assurent une bonne esthétique au mouvement, révélant la qualité de celui-ci. Son port a de l'allure seulement lorsque la personne a une attitude verticale et souple, aussi bien dans l'immobilité que dans la mobilité. Son dernier avantage majeur est son pliage. Chaque pli doit être réalisé d'une façon impeccable, chaque partie est brossée afin de ranger le vêtement dépoussiéré et propre. Il est enfin replié en trois et placé dans une élégante pochette en tissu blanc, bleu ou terre de sienne, suivant le niveau de compétence de l'aïdoïste. On glisse dans l'étui un sachet de graines parfumées, comme la lavande ou du bois de santal. Le parfum sera libéré lors du port du vêtement, éveillant le sens olfactif du pratiquant.

## L'ÉTIQUETTE OU LE COMPORTEMENT

Toute démarche demande des repères. Ceux-ci sont comme des mots pour l'esprit. Ils ne doivent pas être pris à la lettre. Ils sont repères, référents, forme mais pas fond. En toute chose, il est essentiel de réaliser le fond. La forme n'est pas primordiale. Elle est un support, un moyen, mais pas un but. Chaque repère est donc vécu pour en réaliser le fond au travers tout notre être psycho-biologique.

Chaque forme en Aï-Doï a été sélectionnée, travaillée et mise au point pour son action pour l'évolution du pratiquant. Ils ne sont donc pas nombreux mais aucun n'est inutile. Chacun représente une expérience, un recentrage et une information sur notre état psychophysique. Les attitudes justes éveillent la conscience biologique et préparent l'étudiant à réaliser au mieux son entraînement.

Aucune référence culturelle n'existe. L'Aï-Doï est laïc et se présente comme une expérience humaine directe, sans aucun intercesseur ou maître déifié. L'humain est face à son humanité en évolution et face à l'univers en même temps que fruit de celui-ci. C'est de ce dernier point dont il prendra conscience petit à petit. Naturellement, il construira sa place au sein de ce cosmos, grâce à l'éveil de sa conscience égotique et à l'application de toutes les techniques proposées dans cet art. Ce chemin d'évolution qu'est l'Aï-Doï est suivi par des êtres qui désirent être responsables et acteurs de cette évolution.

Voici trois des quelques repères et leur vécu. Lorsque nous nous rendons vers la salle de pratique, chaussé de claquettes, propre des pieds à la tête, nous sommes très attentifs à notre façon de marcher. Progressivement, nous centrant, le son de nos souliers sur le sol et celui qu'il produit avec nos pieds, en claquant à chaque pas, seront harmonieux et vivants. Nos nu-pieds seront placés l'un à côté de l'autre avec attention à l'entrée de la salle, ou au bord du tapis, si la salle n'est pas exclusivement réservée à cette pratique ou à cette dynamique d'évolution par d'autres activités aux mêmes buts. La salle est toujours très propre. On peut donc y entrer pieds nus. Sinon, on place ses souliers au bord du tapis. Notons que l'on peut étudier cet art sans tapis de style judo ou karaté.

Entrant dans la salle, on veillera à placer le pied gauche en premier et être très attentif lorsqu'on ouvre la porte et pénètre dans l'enceinte. Le pied gauche active l'hémisphère droit. Ainsi l'hémisphère gauche est au repos, ce qui ne peut que lui faire du bien !

Les deux pieds parallèles, bien vivants, nous sommes en posture de l'homo sapiens. De la verticalité sensible, partant de la base des gros orteils, passant par le basventre et courant dans l'axe du tronc jusqu'au lieu de la

« mère du cerveau », nous laisserons aller notre tête vers l'avant la lâchant totalement en expirant vers l'océan d'énergie, tout en tenant les lombaires et les basses dorsales. Les six sens sont bien réceptifs. Toutes les tensions accumulées dans cette zone scapulo-cervico-dorsale, sont nettoyées. Ceci déclenche un mieux-être et une ouverture d'esprit plus grande. Puis, vient l'inspiration complète et antérieure. Les genoux et les chevilles fléchissent pour mieux pousser ensuite la terre.

Le redressement vers la verticalité s'effectue harmonieusement grâce à la simultanéité respiratoire et musculaire. Toute la face du corps se trouve ouverte et la colonne très active, remplissant son rôle étymologique de colonne. Voici donc une méthode pour lâcher les tensions quand on en a plein le dos.

Encore un autre support de centrage et de passage d'un certain état psychosomatique à celui correspondant aux objectifs de l'Aï-Doï. Lorsque nous remercions les autres de partager quelques instants de leur existence avec nous, nous le réalisons comme suit. Nous sommes assis à genoux, ceux-ci pliés de telle sorte que nos jambes sont équilatéralement installées. Ce positionnement de nos membres inférieurs autorise une grande stabilité, grâce à cette figure triangulaire. Notre bassin est placée de telle sorte que la pointe de notre sacrum se trouve être inclinée de vingt-cinq ou trente degrés vers l'arrière, comme il se doit pour notre espèce, à cause de notre cinquième lombaire propre à l'homo sapiens. Notre ventre est donc libre et la face du tronc ouverte. Après avoir vidé nos poumons, comme nous l'avons déjà vu, nous sommes donc très centrés et nos fondations très stables. L'inspiration envahit le tronc, du périnée à la « mère du cerveau ». Notre colonne vivante, nous basculons notre bassin vers l'avant, tirons le sacrum vers le haut pour obtenir une extension sacro-iliaque et lombo-sacrée. Les bras souples amenant les mains détendues mais conscientes sur le sol, elles forment avec nos pouces et index un nouveau triangle. Les autres doigts se touchent bien groupés et nos paumes touchent le tapis.

Nos mains sont attentives aux perceptions rencontrées : rugosité ou douceur, chaleur ou fraîcheur, dureté ou souplesse, comme les pieds le font lorsqu'ils se déplacent. À ce moment, on prolonge l'expansion des chaînes musculaires postérieures jusqu'au cuir chevelu en allant poser notre front dans une expiration ressemblant à un soupir. Nous relâchons alors tout le dos, les muscles

sphinctériens, du sacrum, des épaules, du cou et du visage. Vidant totalement nos poumons par pression abdominale, sans air, nous restons un instant en relâchant notre ventre. La relaxation sera encore plus efficace. Puis l'inspiration diaphragmatique poussera vers le périnée et les autres muscles respiratoires antérieurs entreront en action, tandis que les bras pousseront le sol pour relever la posture jusqu'à la verticalité souhaitée.

Jamais donc ce mouvement ne sera un automatisme, une sorte de rituel ou de coutume sans âme, comme une gesticulation stérile et stéréotypée. Tout est vécu, consciemment et résolument, pour entraîner notre conscience à devenir vivante et active jusque dans chaque cellule. Rappelons-nous que c'est cette conscience qui pense et qui perçoit, cette conscience de la matière objective, même si cette matière est notre forme, elle est aussi la conscience de TOUTE la matière. Lorsque nous branchons notre psychisme sur elle, qui est nous..., nous sommes en contact avec toutes les consciences de la matière. C'est l'histoire tant contée des différents types d'hommes d'armes japonais.

« Une maison abritait des êtres dont les pensées et les actes dominants les portaient à la violence (je ne développerai pas ces notions car elles le sont dans *Au Cœur de la Vie* et *Présent d'Orient*). Un samourai débutant pénètre dans cette enceinte et, à peine la porte franchie, ayant juste le temps de voir un sabre en action, se fait trancher la tête en deux - ces histoires ne font pas dans la dentelle.
Un guerrier plus aguerri y entre plus tard et a juste le temps de poser la main sur son sabre et de le sortir partiellement du fourreau qu'il se fait aussi assassiner.
Arrive notre expert en arts martiaux. Contrairement aux

deux autres, il parvient à trancher son agresseur dans le même temps que le sabre lui ouvre le crâne.
Le maître d'armes passant par là, perçoit en son être des sensations que son expérience connaît bien. Il fait le tour du bâtiment et change son chemin... »
Des années d'études pour ne plus se servir de l'arme qui fut le moyen de ce cheminement intérieur. Il existe beaucoup de contes sur les arts martiaux qui imagent cette conscience biologique. On trouve cette propriété dans toutes les civilisations qui vivent ou ont vécu simplement en pleine nature par exemple, ou dans des milieux agressifs ou dangereux. Mais plus simplement, c'est la perception de la maman, et du papa qui perçoivent leur enfant s'éveiller la nuit. L'humain sensible va l'approfondir et la conscientiser grâce à cet art.

# GUIDE ILLUSTRÉ

## GYMNASTIQUE, RELAXATIONS, MASSAGES

Après ces années d'études sur l'être humain, grâce à de multiples outils, voici un enchaînement très efficace pour se centrer, s'ouvrir, s'assouplir, se recharger, se tonifier et se verticaliser. Toute personne soucieuse de son équilibre et de son dynamisme peut l'utiliser quotidiennement. Les sportifs et les amateurs d'activités qui se pratiquent à partir du corps y trouveront une mise en condition adaptée puisque la plupart des chaînes musculaires et des articulations sont mises en action. Les massages divers activent les fonctions. Les techniques respiratoires épurent, oxygènent le sang et les cellules comme il est décrit plus en avant. C'est un des enchaînements vécus au début de chaque séance d'Aï-Doï. Cependant, cette méthode peut très bien être utilisée indépendamment de toute suite ou pour toute activité physique.

Lorsqu'une position est unilatérale, nous réaliserons ensuite son complément en actionnant l'autre côté.

## PAUSE RESPIRATION

Avant toute action, nous vidons profondément nos poumons en expirant par la contraction des muscles de notre abdomen. Nous les fermons comme nous fermerions un parapluie. L'inspiration débutera par le mouvement du diaphragme, se prolongera par l'aspiration de l'air dans le thorax puis au niveau des clavicules. Nous dirigerons ainsi la fin de l'inspiration vers le sommet de la tête (point 22 du méridien yang « la mère du cerveau »), puis nous reprendrons l'expiration.

Il est salutaire de marquer une pause, les poumons pleins, d'une durée qui nous est confortable individuellement et sur le moment. Nous plaçons la main gauche sur le bas-ventre et la droite sur le haut de la poitrine pour percevoir, guider et prendre conscience « de l'extérieur ».

Cette technique place notre masse dans notre centre de gravité et nous ouvre.

Nous pouvons ensuite affiner cette méthode en plaçant les mains l'une sur l'autre comme dans les postures du « zen-vekiĝo » ou à plat sur les cuisses. Nous portons notre attention sur la verticalisation, en plus du centrage et de l'ouverture. L'inspiration va du périnée à la « mère du cerveau ». Les effets de cette méthode se font immédiatement sentir. Le calme apparaît et l'équilibre s'instaure.

Nous allons ainsi vider nos poumons des gaz résiduels et notre sang de quantité de toxines pour les oxygéner ensuite, en expirant de notre mieux.

## ASSOUPLISSEMENT ET MASSAGE DES PIEDS

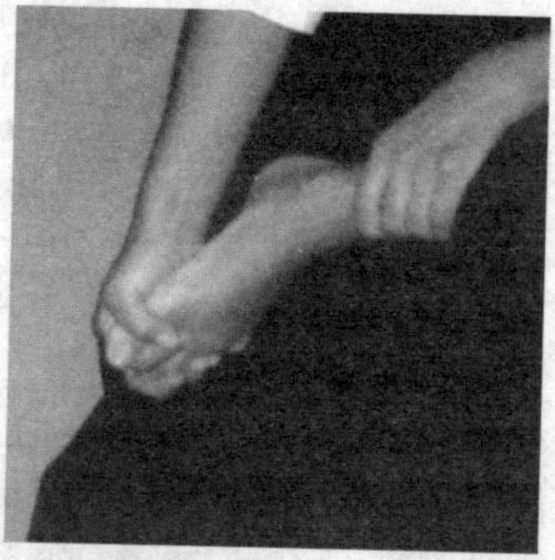

1. - Commençons par tourner notre pied gauche par d'amples mouvements rotatoires dont la base est la cheville. Dans un sens, puis dans l'autre.

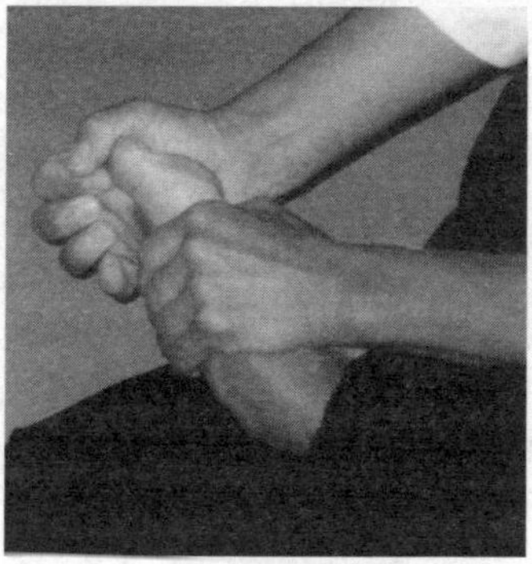

2. - Mettons nos orteils en rotation sur leur base, dans un sens et dans l'autre. Actionnons-les en flexions-extension avec application, puis ce même mouvement plus rapidement pour enlever des adhérences articulaires éventuelles.

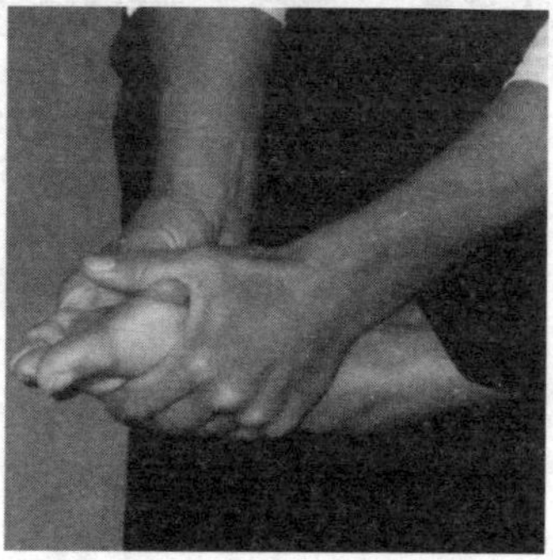

3. - Dans l'axe longitudinal du pied, vrillons-le dans les deux sens en prenant appui sur la base du gros orteil. Terminons cette torsion en plaçant nos mains dessous et dessus les côtés du pied et accélérons cette vrille pour la souplesse du pied.

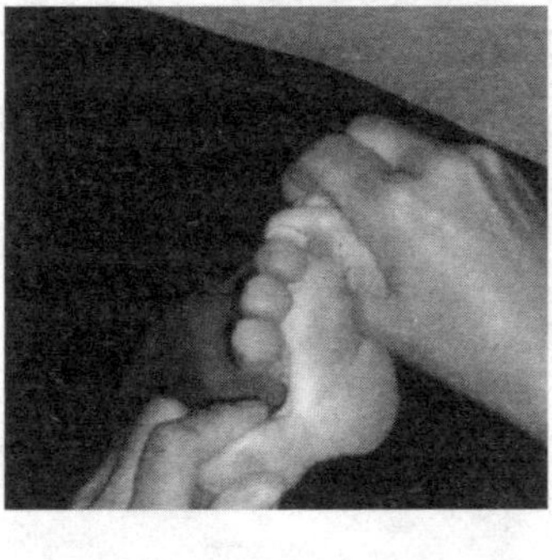

4. - Massages des orteils. Je vous renvoie aux ouvrages compétents pour les effets sur les zones réflexes et points énergétiques situés sur nos pieds. Massons fermement et souplement le gros

orteil et le tout petit en premier, puis le deuxième et le quatrième et terminons par le troisième et le gros orteil. Continuons par la base des orteils sous la plante des pieds et terminons par l'ensemble de la plante. Nous vérifions que la cheville est détendue en secouant le pied grâce à notre saisie du talon par une main et le soutien de la jambe par l'autre.

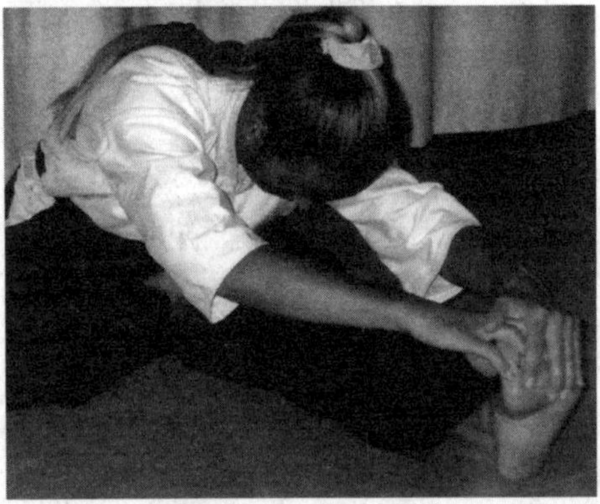

Développons maintenant les chaînes musculaires des fesses et des cuisses en prenant soin de ne pas appuyer sur le genou car la tête du péroné risquerait de sortir de son logement. Alors, procédons comme suit.

La jambe pliée, attardons-nous à faire pivoter la cuisse vers le haut et l'arrière pour « dérouler » les muscles fessiers. Nous pouvons maintenant amener le genou vers le sol, puis en tournant les hanches vers la cuisse, durant une inspiration axiale (du périnée au sommet de la tête), nous enchaînons en fermant l'angle ventre-cuisse, tout en expirant totalement. Nous terminons poumons vides pour aller au bout de cette extension. Procédons de même avec l'orientation des hanches et du tronc pour l'autre côté.

C'est la posture de la « pince assise » que nous utilisons ensuite, aidés par l'inspiration postérieure. Elle étire les chaînes musculaires postérieures.

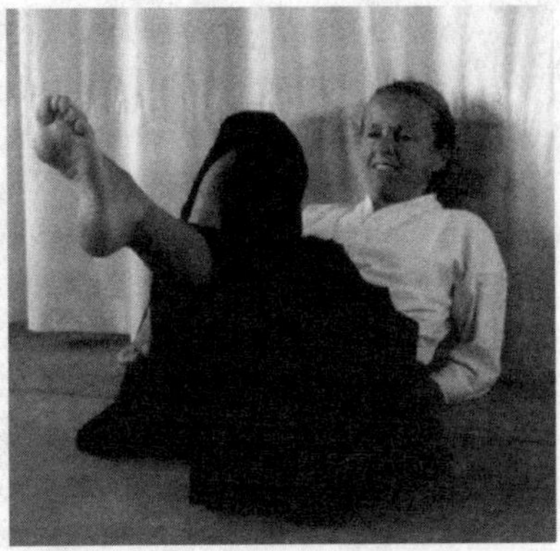

Poursuivons avec les genoux. Accoudés, menton dans la gorge, le pubis ramené vers le nombril et les lombaires plaquées au sol, nous « pédalons » de façon très ample et souple, portant notre attention sur l'inspiration abdominale. Les genoux sont physiquement importants et comportementalement essentiels. Ce sont les articulations de l'humilité et de l'appui dynamique sur la terre.

Ici, les charnières lombosacrée et os iliaques nous intéressent. La colonne est sur un axe que l'inspiration axiale modèle. Nous penchons latéralement le tronc comme la tour de Pise. Les bras et la ceinture scapulaire sont en expansion.

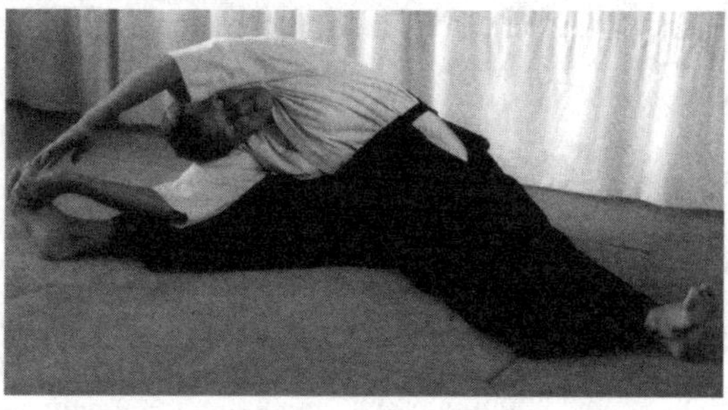

Nous développons latéralement par la posture arquée latérale dans laquelle l'inspiration complète agit dans toute la partie en extension.

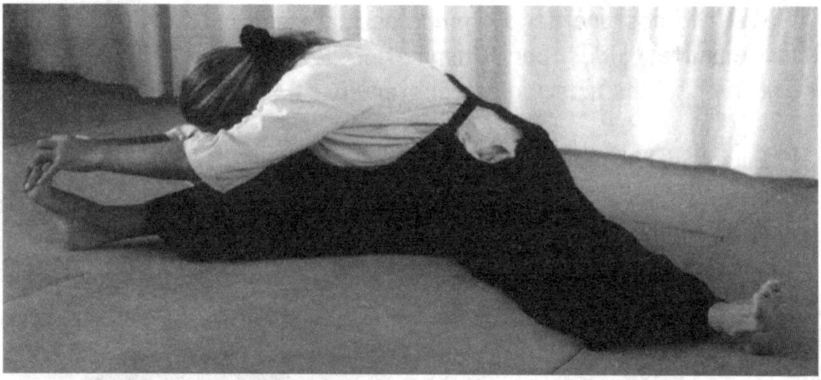

Demi-pince latérale, cette position est aussi torsion et se commence par le positionnement du bassin vers la jambe et sur l'inspiration. Il s'agit d'amener d'abord le bas-ventre, puis le ventre, la poitrine et enfin le front, progressivement, vers la jambe.

De la position précédente, nous passons directement à l'écart facial en commençant par tourner les hanches, tout en inspirant antérieurement et en allongeant les chaînes musculaires du tronc jusqu'à l'extrémité des doigts. Attardons-nous à incliner notre bassin vers l'avant, attentifs à ne pas crisper les muscles fessiers et les sphincters ; l'expiration sert à lâcher le tronc et les chaînes musculaires des jambes.

Remontons en poussant le sol de nos mains placées à

hauteur des épaules, à plat sur le plancher, tout en inspirant antérieurement. Passons nos mains sous les genoux, nos bras plient les membres inférieurs et les placent parallèles. Ceci pour permettre à notre musculature interne des cuisses de se regrouper passivement, sans contraction. Il est nécessaire d'éviter de contracter les fibres musculaires alors qu'elles sont en expansion maximale.

Phase de relâchement, voire de relaxation où seules les mains tiennent la posture. Nous relâchons totalement notre dos et inspirons vers lui du coccyx au crâne pour le masser. Appliquons-nous à détendre nos chaînes musculaires postérieures durant l'expiration et la rétention des poumons vides, ceci en souriant à nos muscles.

La « clé » du sourire prend maintenant la suite.

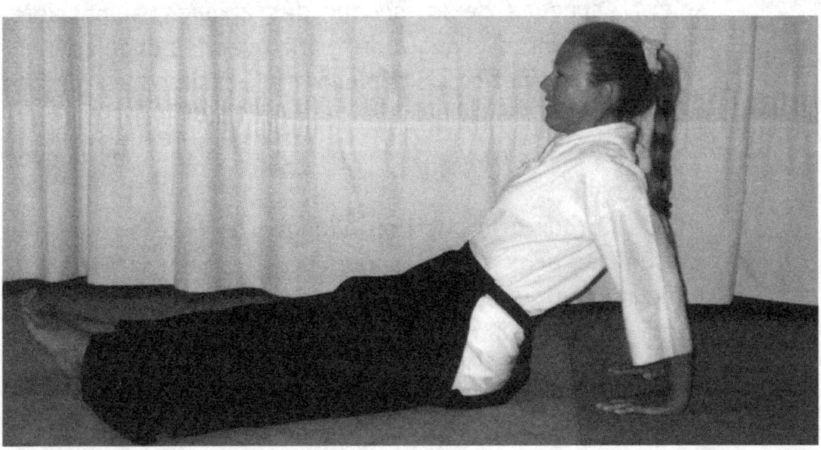

Voici le nettoyage des épaules par l'extension des muscles ronds qui sont souvent très courts.

Cette posture et son complément vont libérer les tensions antérieures, des épaules au plexus. Facile à réaliser, il est nécessaire d'avoir une sangle dans sa deuxième partie si les bras s'écartaient.

Partons allongés. À l'expiration, les muscles du ventre, du pubis au plexus s'actionnent pour soulever le tronc et placer les mains en appui, tournées vers le bassin. Reculons nos mains le plus possible, tout en pliant les coudes. Le dos s'arrondira, laissons-le. L'inspiration peut être postérieure ou antérieure ou alternée suivant les difficultés rencontrées par chacun. Le bassin poussera le ventre vers le haut, les lombaires et les basses dorsales, la poitrine vers l'avant. Ne relâchons pas cette souple dynamique durant l'expiration mais détendons toutes les chaînes musculaires en extension, avec le sourire.

L'autre version de ce travail consiste à tourner les épaules et les bras vers l'extérieur en sentant bien les chaînes musculaires spiralées, tandis que le tronc maintient la posture. C'est là que les mains tournées vers l'arrière peuvent être reliées par une sangle pour qu'elles soient espacées de la largeur des épaules, si possible. L'augmentation de l'angle du tronc avec les épaules s'effectue à l'expiration en déplaçant le bassin et les jambes vers l'avant.

Relevons le travail sur le plexus et détendons-le avec douceur.

Le retour à la position allongée doit s'effectuer en laissant les bras et les épaules passifs. En inspirant postérieurement, mobilisons les muscles du ventre et du bassin en enroulant le plexus vers les cuisses, tout en laissant pendre les bras et les épaules. Ainsi placés, expirons en lâchant totalement la tête et les trapèzes. Prenons bien conscience de la réaction des muscles et de leur enveloppe, ainsi que des articulations puis des sensations.

## « ON LÂCHE TOUT » PREND LE RELAIS

Si cette posture est, pour certains difficile à vivre, elle est la reine de la relaxation !

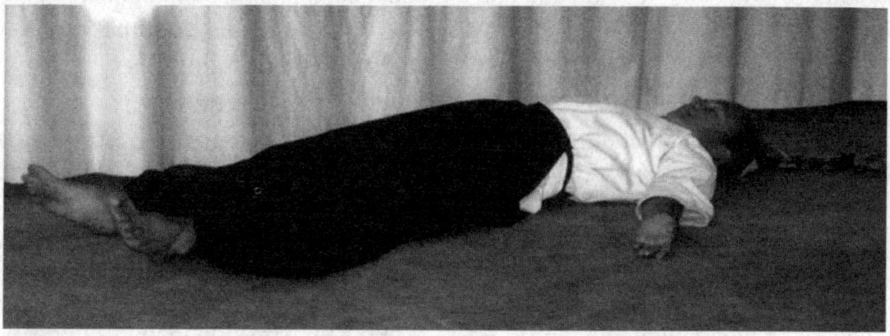

Pour commencer, ne pas s'allonger n'importe comment ; cela est vrai pour toutes les positions au sol. Si on part de la position debout. En expirant dans le basventre, percevoir la zone « centre de gravité ». Fléchir les genoux ainsi que les chevilles et descendre doucement en posant les genoux sur le sol doucement. En allongeant une jambe puis l'autre devant et s'appuyer avec les mains de part et d'autre du bassin sur le sol. Poser les fesses par terre en expirant. À L'inspiration antérieure, placer les mains derrière la tête en rassemblant les coudes devant le visage et expirer en s'enroulant. On a avantage à rester dans cette position durant trois respirations complètes postérieures en laissant le dos s'enrouler, sans tirer avec les bras sur la tête. C'est le poids des bras et du haut du tronc qui pèse sur les chaînes musculaires postérieures. Durant la troisième expiration, s'appliquer à poser sur le sol chaque vertèbre, une à une, en restant bien arrondi, grâce aux muscles de l'abdomen. Ne pas lever le menton, mais le garder dans la gorge jusqu'à ce que les doigts touchent le sol. Poser alors la tête délicatement. En inspirant avec le diaphragme, allonger les jambes, tout en laissant glisser les pieds sur le sol. Passant d'une position à l'autre, ne pas hésiter à soupirer et/ou à bâiller. Espacer les pieds de 40 à 50 cm en tournant chaque cuisse vers l'extérieur. Ce mouvement dirigera les pieds aussi vers l'extérieur et le bassin s'ouvrira pour mieux se détendre. En inspirant dans les hautes dorsales et cervicales, appuyer l'arrière de la tête sur le sol pour rassembler les omoplates et les poser à plat. Les épaules seront ainsi déroulées vers l'arrière (ouvertes) et les bras jusqu'aux mains dirigent leurs parties internes vers le plafond. Replacer le menton dans la gorge. Si on constate que le menton remonte beaucoup, placer une couverture derrière la tête pour aider à replacer le menton dans la gorge. La posture est prête. C'est la position idéale pour la prise de conscience kinesthésique de la loi de gravité, des différentes respirations.

## PRISE DE CONSCIENCE KINESTHÉSIQUE

Chercher, les yeux clos, à percevoir chaque orteil dans sa forme, ses sensations, son volume et son emplacement dans l'espace. Vous pouvez commencer par le côté opposé à votre latéralité usuelle. Passer ainsi « au peigne fin » toutes les régions de soi-même en tentant de conserver la conscience éveillée des parties précédentes. Muscles, articulations sont ainsi vivants et une grande intimité s'installe alors. Au cours de cet éveil sensoriel, laisser le sol porter chaque partie. Percevoir la gravité jusque dans le poids d'un membre, d'une oreille, des cheveux ou des yeux.

Passer à la phase de l'étude de la respiration et de ses effets. Progressivement, y additionner les sensations des battements cardiaques, la circulation sanguine, chercher les trajets des méridiens d'énergie.

Essayer les différents niveaux décrits plus avant, toujours avec l'esprit G. R. M., en jouant, comme un bébé qui découvre ses pieds en rigolant. La respiration augmentera la conscience de ce sixième sens. Aborder toute cette progression par étape.

Pour sortir d'une relaxation, remettre en mouvement chaque orteil consciemment, chaque doigt, puis chevilles et poignets, puis bâillement et soupir suivis de grimaces et d'étirements. Se lever tranquillement en constatant que les valises ont été déposées et que c'est un être léger, au corps vivant qui est debout.

À la fin d'une relaxation ou d'autres postures, que l'on peut vivre avec l'expérience comme une relaxation, tenter de conserver, voire de cultiver la perception des sensations. Essayer de ne pas se couper de ce corps...

## TORSION

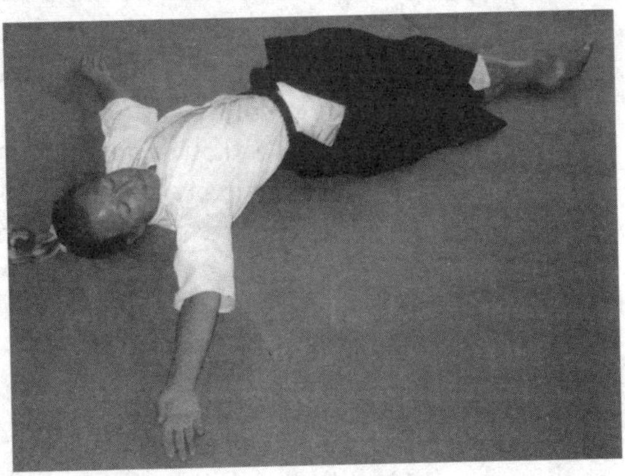

Partant allongé sur le dos, ayant au préalable placé son rachis comme indiqué dans la posture « on lâche tout ».
Il est essentiel d'accueillir un soupir à chaque fois qu'une nouvelle position est

vécue, même si c'est une position intermédiaire. Ainsi, on s'habitue à prendre de plus en plus souvent conscience des moments qui passent. Dans notre société, nous courons après les projets ou les buts en oubliant, en se coupant de tout ce qui se passe entre le départ d'une action décidée et son terme. Avec cette manière de vivre les instants entre la décision d'une action et l'action, on s'entraîne à ne pas oublier la vie entre-temps et à être présent dans l'instant.

Dans tous les mouvements, on s'efforce d'harmoniser l'action, la respiration à tel ou tel endroit, avec le geste. Par exemple, alors que l'inspiration arrive entre les omoplates et aux clavicules, les bras glissent sur le sol. On constate qu'ils sont légers et leur déplacement aisé. Les bras en croix, on tourne alors la face interne de chaque bras vers le haut, en prenant, durant l'expiration, une profonde conscience de cette position.

À l'inspiration suivante, alors que le diaphragme descend vers le bassin, la hanche droite tourne vers la gauche pour placer le bassin et tout le corps sur le flanc gauche, main droite sur main gauche. On procède par le déplacement du bassin en premier, car il est le siège du centre de gravité dans la position assise et debout. Nous avons noté l'importance psychophysique de la conscience du centre de gravité plus avant. La jambe droite se plie, le genou droit se place sur le sol devant le genou gauche.

Le bassin se trouve donc incliné vers le sol, antérieurement. Le pied droit se place sous le mollet gauche et essaie de le crocheter. La position consciente ainsi installée, on veille à ne pas décoller le genou droit du sol. Au besoin, on peut le maintenir plaqué avec la main gauche placée délicatement et fermement dessus. Quoique chaque position puisse accueillir plusieurs respirations, suivant ce que l'on souhaite étudier et obtenir, commençons par une inspiration complète antérieure. Après que le diaphragme ait commencé l'inspiration, l'air arrive à la poitrine et le bras droit s'élève souplement, puis se place à l'opposé du gauche tandis que les yeux tournent à droite en faisant pivoter la tête vers le bras droit. La prise de posture est maintenant terminée.

Les rôles respectifs de la respiration active, de la connexion des sensations et le lâcher-prise entrent en action. On place notre attention non pas sur l'atteinte d'une posture donnée comme référence, mais sur l'observation de notre être : des difficultés au plaisir, en passant par notre état d'esprit et ce qui peut nous distraire. Ce sera ce mélange de l'ensemble de ces derniers points qui bâtira la richesse de l'instant et dévoilera les bienfaits de la posture. On croit la posture passive, mais en fait il se passe beaucoup de choses si l'on est vigilant.

Le retour se fait à partir d'une inspiration complète, généreuse. Je la conseille postérieure.

Le bassin, par l'inclinaison plus prononcée de la hanche droite va augmenter la torsion du buste et le treuiller pour revenir sur le flanc droit. Les yeux tournent vers la gauche, entraînant la tête. Le bras droit, souple, suit l'action du tronc et rejoint le bras gauche.

Après la prise de conscience de cette position, le soupir est accueilli profondément. La prochaine inspiration dénouera les jambes et on restera quelques respirations à s'étudier tranquillement. Ce sera à nouveau la hanche droite qui ira vers la droite pour se replacer sur le dos. Prendre conscience de la position « lâcher-prise ».

## LE DEMI-ARC

Elle initie à l'équilibre par la conscience de l'importance du centre de gravité placé très bas et par les points d'appui écartés en raison de l'ouverture des membres inférieurs. Elle étire profondément les psoas-iliaques, appelés la « poubelle du corps » par les ostéopathes. Ces muscles relient les fémurs aux os iliaques et aux vertèbres lombaires et permettent la fermeture cuisse - ventre. S'ils sont trop courts, l'angle ventre - aines - cuisses est très fermé. S'ils sont souples et longs, la posture debout est plus verticale, l'être est plus centré et dynamique.

La position de la jambe arrière, du ventre, du buste, des aisselles et des bras allonge la face, délie le plexus, dégage la gorge et inverse la courbe dorsale. Dans cette expansion antérieure, l'inspiration antérieure est un puissant masseur, relayé par une expiration qui agit tranquillement sur toutes ces chaînes musculaires. C'est après avoir expiré totalement et en restant paisiblement sans air que les fibres musculaires gagnent en extension. C'est aussi à ce moment-là que la calme conscience et la concentration sont à leur maximum. Mais c'est aussi là que, si l'on suit une pensée qui distrait, on constate un ébranlement et une perte d'équilibre. Comme si le fait de déplacer la pensée située dans la chair, le centre de gravité et le sol vers l'hémisphère gauche suffisait à déséquilibrer l'humain.

Je vous laisse y réfléchir et tester cette remarque.

Pour ériger cette posture, on part donc du « lâcher-prise ». Les jambes jointes et les bras le long du corps, à l'inspiration on lance les bras au dessus et derrière la tête, souplement, pour ensuite s'enrouler antérieurement autour de notre centre de gravité, plier les genoux, poser les pieds pour finir à genoux, les cuisses et le tronc sur un axe vertical, en fin d'expiration. Les pieds sont retournés et les jambes (du genou à la cheville) sont posées sur le sol. Ainsi en appui sur les genoux, on prend conscience de nos différents segments et articulations des genoux à la tête, de l'amplitude de la respiration, puis de l'état d'esprit. Pour constater le changement que chaque posture entraîne, il est nécessaire de conscientiser et de mémoriser dans notre chair les informations du début d'une posture pour les comparer à celles perçues durant l'étude et à la fin de celle-ci.

Poussant de la hanche gauche jusqu'au genou gauche le sol, on met en expansion les chaînes musculaires correspondantes. Puis, nous étirons le tronc jusqu'à la fontanelle pour percevoir un équilibre fin entre le genou gauche et la fontanelle : nous sommes étirés entre le ciel et la terre, le bassin étant entre les deux. La jambe droite est donc allégée.

En inspirant, lever la cuisse droite et poser le pied délicatement devant soi. On veillera à ce que les cinq orteils soient bien en contact avec le sol ; le pied droit épouse le sol, le pied, le genou et la hanche sont dans le même axe et perpendiculaires au bassin (l'angle formé entre le sol et la jambe est de 90°).

Les muscles de l'inspiration étirent, par gonflement des poumons localement et par répercussion des chaînes musculaires à distance, les fibres et les articulations en douceur. Dans cette phase, on veillera à délicatement redresser le tronc en laissant les bras vers le sol, tournés, à partir d'une rotation des épaules, vers l'avant. N'oublions pas l'importante phase de la rétention des poumons vides et le lâcher-prise centré.

Lorsque nous sommes en sensation d'expansion, des orteils arrières au plexus, nous pouvons, à l'inspiration et en poussant le sol avec le pied droit, utiliser l'onde de retour de cette poussée pour monter les bras devant et vers le ciel en les étirant jusqu'aux ongles des doigts. On perçoit la nécessité de garder conscience des points d'appuis et du centre de gravité bas. Chaque inspiration étire maintenant les chaînes musculaires du buste et des bras, les liant à celles du bassin et des jambes.

Puis on s'applique à mener la nuque, menton souplement dans la gorge, vers l'arrière, grâce au travail des dorsaux. Ceci augmente le dégagement antérieur du tronc. Ensuite, si la posture est bien vécue, l'inspiration dans sa phase finale (gorge - tête) agit et on laisse aller la tête en arrière, vertèbre après vertèbre, en commençant par le bas des cervicales et on termine par le relâchement des maxillaires, pour que l'occiput bascule sur l'atlas. Les mains alors se joignent, paume contre paume.

Lâchons prise en restant attentifs à l'équilibre partant du sol et du centre de gravité ; puis de la variation de la respiration qui modifie sans cesse la dynamique de la position et sa forme. On se trouve être alors tel un arc, dont le bois est passivement arqué par une corde tirée, invisiblement, en extension par la gravitation.

Pour le retour, l'inspiration est plus efficace postérieurement, car elle prend en charge le rachis. En fin d'inspiration, on contribue avec les bras à étirer la posture vers le haut en fermant la hanche et en remettant le menton vers la gorge. Procédons tranquillement, le corps très vivant par la conscience attentive. Sans bouger les parties « moteur » que sont le bassin et les jambes, le tronc jusqu'au bout des doigts se place sur la même ligne que la cuisse gauche. On procède à la posture de « la flèche » en étirant des orteils gauches aux doigts. Utilisons la respiration pour masser les articulations, les chaînes musculaires et allonger le rachis, ce qui soulage les disques intervertébraux.

Il existe, comme pour toutes positions, différentes possibilités pour terminer une posture et la compléter par une autre position. Là, je vous propose de déposer le ventre et la poitrine sur la cuisse droite et les mains de part et d'autre du pied droit, tout en expirant et en souriant.

## SOYEZ INTIMES AVEC VOUS-MÊMES.

Utilisons différentes formes de respiration, en fonction de ce que nous ressentons. Le psoas-iliaque gauche va revenir paisiblement. Alors que vous avez pris conscience de toutes ces nouvelles sensations, vous pouvez pousser le sol avec le pied droit, en inspirant antérieurement, pour redresser verticalement la cuisse gauche et le tronc. Poussons la terre et le ciel à gauche, ramenons le genou gauche parallèle au droit. Nous pouvons constater l'importante différence de sensations entre le côté droit et le gauche, particulièrement au niveau des aines. Notons aussi le changement de position des articulations du tronc et la vie kinesthésique.

Après le soupir ou le bâillement, nous pouvons refaire le même cheminement en inversant nos jambes.

Il est intéressant de marcher après cette posture et

de constater quel être différent nous sommes alors, aussi bien psychiquement, dynamiquement, énergétiquement, que morphologiquement. Les pieds sont sur terre, les reins souples et solides, le bas ventre est plein et la tête est sur les épaules...

## LE « I » PREND LA RELÈVE.

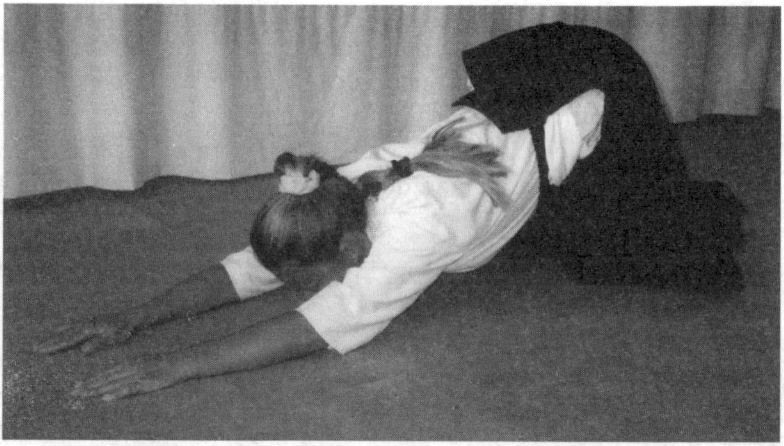

Voilà une position que nos amis les chats et les chiens utilisent plusieurs fois par jour.
Si presque toutes les positions sont à elles seules des postures à part entière, elles peuvent être aussi des préparations à des enchaînements. L'utilisation de celle-ci se marie bien avec le demi-arc.

Les débutants privilégieront l'inspiration antérieure tandis que les aguerris pourront en tester de différentes. La phase de rétention des poumons vides est très importante à vivre, si l'on veut utiliser le « i » au plus profond de ses effets.

Partons à quatre pattes et nous laisserons nos cuisses verticales durant toute la position. Expirons bien et, à l'inspiration, laissons nos mains glisser sur le sol, bras parallèles en les mettant en expansion. Des articulations fémorales du bassin au bout des doigts, l'expansion est profonde. Ne pliez pas les coudes pour bien vivre cette position. L'expiration naturelle dégonfle le tronc qui s'affaisse vers le sol. Expirons totalement et restons sans air quelques instants en pénétrant au cœur de nos chaînes musculaires, tout en leur souriant.

Peut-être est-ce leur sourire ou celui de notre conscience qui nous fera comprendre (prendre avec) que cette conscience est notre conscience biologique. Essayons.

Puis c'est le moment de l'inspiration, antérieure. Le diaphragme masse le plexus étiré et pousse vers le pubis et le bassin. Ensuite, les muscles costaux de l'inspiration aspirent l'air au sternum, aux clavicules et vers la tête. Les bras s'allongent alors et les ongles des doigts sont tendus comme s'ils sortaient de leur logement. Il est peut-être nécessaire que vous leviez le menton pour permettre à la poitrine et à la gorge de toucher le sol. Ainsi, les vertèbres dorsales s'inversent bien mieux et on libère le plexus et le sternum. N'omettons pas les chaînes musculaires latérales, s'étendant de l'extérieur des auriculaires aux hanches. Apprécions cette mue de notre vieille peau qui se déchire pour faire place à des housses de muscles (fascias) et des chaînes musculaires pleines d'énergie, dégagées de leur encrassement.

Quelles sensations de bonheur et de liberté éprouve-t-on alors, ce corps est vivant, nous sommes vivants. Et non pas parce que notre mental fonctionne mais parce que notre chair vit consciemment. Nous sommes cela, nous ne sommes plus un mental séparé d'un corps. C'est une unité retrouvée qui mène à l'allégresse et à l'optimisme.

Nous quitterons cette posture à l'inspiration postérieure en tirant les fesses vers les talons, tout en restant en délicate expansion du tronc. Le ventre se pose sur les cuisses, la poitrine sur les genoux et le front au sol dans une expiration d'aise et d'observation.

Se relâchant tout à fait, la respiration postérieure massera tout le dos et, lorsque les poumons seront bien vidés, laissons le ventre aller vers les cuisses et observons comme nous pouvons être détendus rapidement et complètement par ce processus de respiration et de relâchement conscients.

## L'ENROULÉ-DÉROULÉ

Encore un autre mouvement que nos amis les animaux nous montrent : l'enroulé-déroulé de la colonne vertébrale.

Cet enchaînement dégage une très grande énergie en mettant la moelle épinière en mouvement. Il libère les adhérences dues à notre façon très limitée de bouger nos articulations.

Plus nous vieillissons et moins nous bougeons, nous nous sclérosons en laissant notre morphologie se tasser, s'enfermer, entraînant ainsi notre esprit à suivre le même élan.

Et pourtant, il ne serait nécessaire que de quelques minutes par 24 heures, quelques minutes dans les 1440 que compte une journée. Quelques instants pour compléter notre hygiène, notre culture. Car s'occuper de ce sixième sens, le mettre en action est bien une partie de la culture de l'être humain. Mais cela n'est pas encore considéré comme culturel et nécessaire dans notre société déséquilibrée et menée par l'hémisphère gauche atrophié du reste de l'être...

Nous commençons à quatre pattes pour chercher à actionner les dorsales au niveau de la dixième, vers le haut, puis vers le bas en poussant le plexus. Progressivement, nous respirons antérieurement, tandis que le plexus descend, puis nous expirons alors que nous enroulons le pubis vers le haut. Creuser le dos, amener le sacrum vers l'occiput tandis que les cervicales sont poussées vers l'arrière, menton dans la gorge. Étant en butée dans cette position cervicale, nous développons progressivement les cervicales à partir de la septième vers l'arrière et laissons l'occiput basculer sur l'atlas en ouvrant la bouche : c'est la fin de l'inspiration antérieure. Fermant la bouche tout en actionnant la colonne dorsale, on enroule le bassin vers la tête et réciproquement, en expirant tout à fait.

On peut aussi mettre en action une cuisse, genou plié. À l'expiration, en fin de course de la colonne, le genou vient vers le front et réciproquement, la cuisse vers le ventre. À l'inspiration, mobilisant les muscles fessiers et lombaires, le genou va haut derrière, le pied souple vers la tête. Ce mouvement se fait très légèrement en apprenant à lâcher toute partie qui empêcherait son ample déroulement. Prenons garde de ne pas tourner les hanches alors que le genou monte vers l'arrière et le haut.

Le retour de cette posture s'effectue comme celui du « i ».

## POSTURE DU DIAMANT

Elle éduque l'être à la juste position assise.

Nous retrouvons là la posture que nous avions lorsque nous étions très jeunes, la colonne vertébrale souple et établie sur un plan vertical, naturellement.

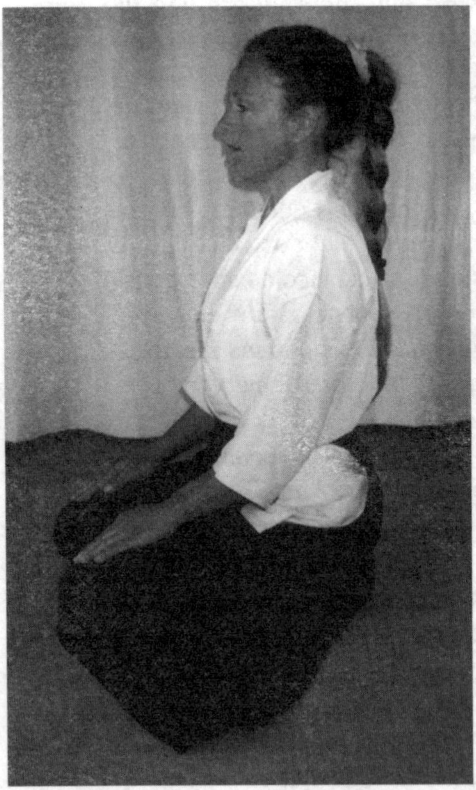

Cette posture, assis sur ses talons, les jambes croisées avec un coussin sous les fesses ou assis sur une chaise, est éducative.

Ici, nous allons nous éduquer à répondre par le vécu à cette injonction souvent répétée (par des personnes qui l'ont rarement réalisée) : « Tiens-toi, droit ».

La base bassin-jambe doit être bien stable. Si vous choisissez la position correspondante au dessin, vous pourrez placer un boudin, confectionné avec une serviette de toilette, sous les chevilles. Vous n'en aurez pas besoin si vos articulations sont souples. Plaçons nos genoux légèrement espacés pour qu'avec nos pieds, ils forment un triangle entraînant une stabilité plus grande. Commençons par poser nos mains de chaque côté des genoux sur le sol. Dégageons notre bassin en levant les fesses et en soulevant notre sacrum et en creusant nos lombaires. Posons maintenant nos fesses sur nos talons. Après l'expiration, inspirer antérieurement en poussant le sol avec les bras. Continuons d'ériger notre colonne en posant les mains sur nos genoux et en tendant les bras. La fin de l'inspiration dégage la poitrine, place les hautes dorsales et les cervicales dans une position normale et consciente, puis termine en poussant la fontanelle vers le ciel. Laissons nos mains à plat sur nos cuisses, les doigts joints et conscients. Nous voilà en place.

La respiration est axiale et tranquille. L'inspiration met en expansion la moelle épinière. L'expiration est lente, fine et totale tout en pressant le bas ventre. Notre tronc se trouve en délicat équilibre vertical que la respiration et les battements du cœur ébranlent délicatement sans surprendre notre concentration dans une souple verticalité. Tout notre être est conscient. Il semble que nous pensions avec l'ensemble de notre être. Cette position, ne demandant aucun effort, permet une étude approfondie de nos sensations internes. Nous constaterons aussi combien il est difficile de rester l'esprit tranquille. Nous avons beaucoup de points à contrôler et à gérer, des orteils à la position de la tête et des yeux, dont le regard se pose à un mètre devant nous, tourné vers l'intérieur ; Cependant retournement nous permet d'être de plus en plus intime et de développer notre sixième sens. Menons bien notre respiration en

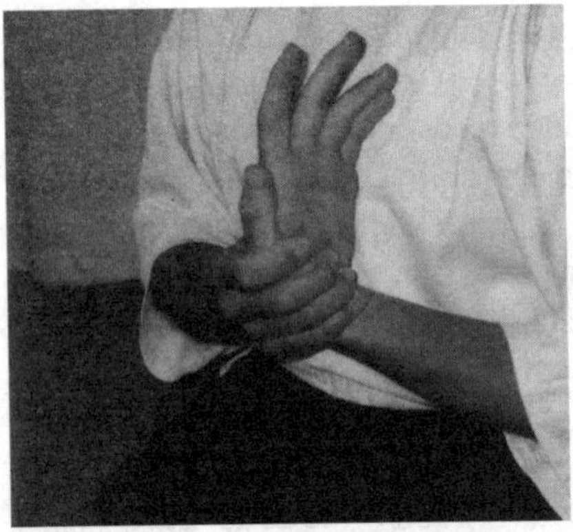

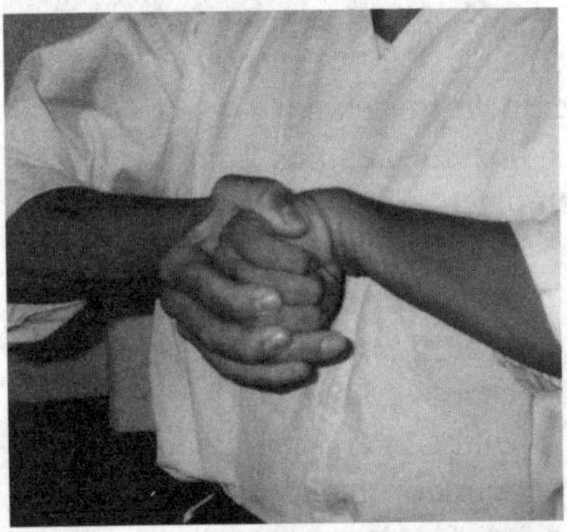

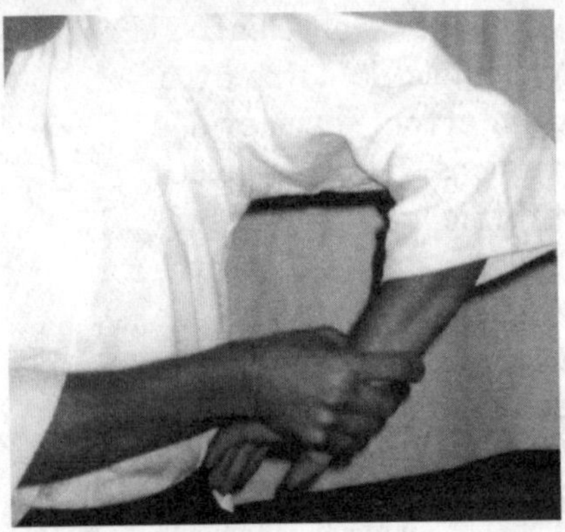

expirant totalement. Notre mental, par ses productions, crée des distractions incessantes, demandant à quoi peut bien servir de rester assis tranquille. Essayons de porter toute notre attention sur le positionnement de chacune de nos articulations, le relâchement de nos muscles sauf certains de la colonne délicatement en expansion et enfin sur notre respiration.

La posture du diamant est une excellente position pour se connaître mieux soi-même. Sa dénomination vient de la réalisation de la vacuité que cette posture peut permettre d'atteindre au pratiquant assidu. Vacuité et image du diamant parfaitement transparent. Je vous renvoie aux ouvrages *Au Cœur de la Vie* et *Présent d'Orient* si ce sujet vous intéresse.

## LES MAINS ET LES BRAS

C'est au tour des avant-bras, des poignets et des mains de se mettre en mouvement.
Plusieurs enchaînements vous sont ici proposés sur cet ensemble de clichés.

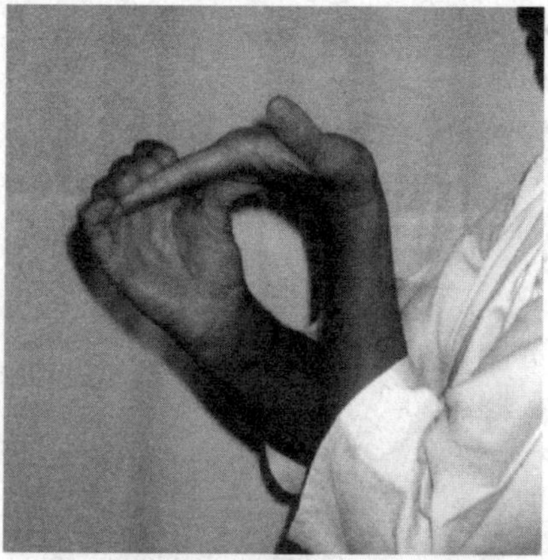

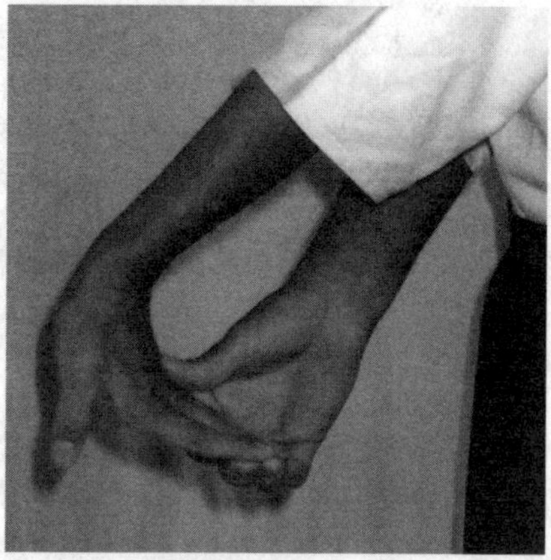

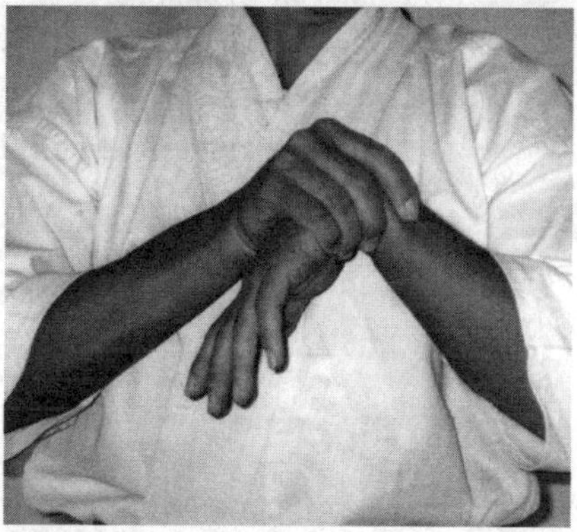

Cependant, voici aussi des mouvements très simples. Flexions, extensions, mains fermées puis ouvertes, rotations dans un sens puis dans l'autre, d'abord mains fermées, puis ouvertes. Ensuite, plaçant nos mains ouvertes tournées paumes vers la terre, nous les actionnons de gauche à droite pour prendre conscience de leur disponibilité. Ensuite, nous les secouons vivement et très souplement pour finir par les poser sur nos cuisses et les écouter, en accueillant le soupir. Nos poignets et nos mains sont le reflet de notre mental. La colère, par exemple nous fera un index menaçant ou un

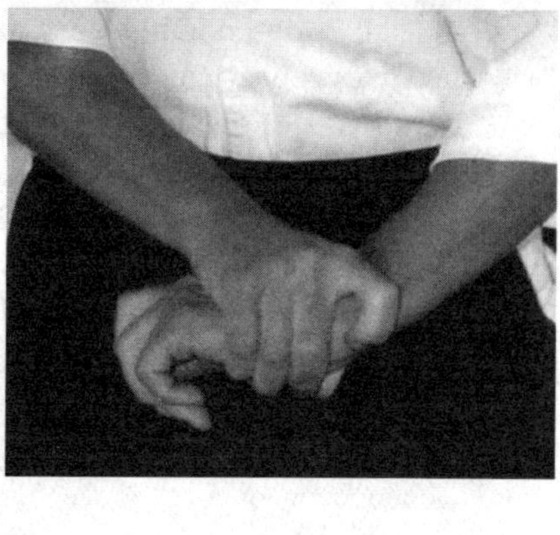

poing crispé. Il est utile de nettoyer tout cela pour retrouver un esprit ouvert et frais.

## LES ÉPAULES ENTRENT EN ACTION

- vers le haut avec inspiration très haute, puis on les laisse tomber complètement,
- vers l'arrière en inspirant vers le sternum,
- vers le bas et sur le côté en inspirant vers le haut,
- vers l'avant et le bas, l'inspiration entre les omoplates,
- de grands cercles souples clôturent cet ensemble de mouvements.

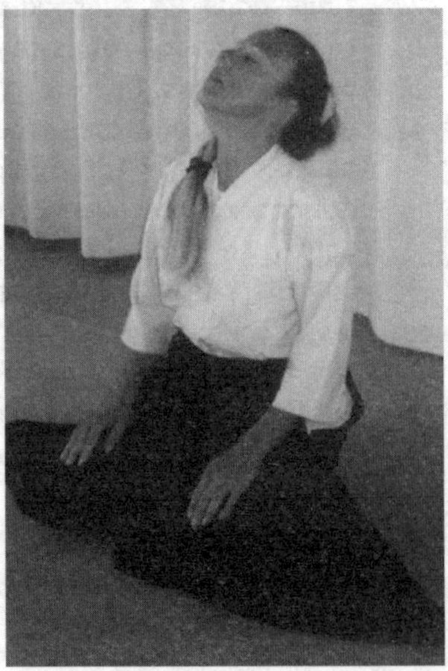

## LE COU

Tout en allongeant notre cou pour alléger les disques intervertébraux, nous décrivons de grands cercles. Les chaînes musculaires du cou qui relient toutes les parties du tronc vont être étirées. Cela permet un décongestionnement des cervicales et un relâchement sensible des épaules.

## LES MASSAGES

Les massages de la tête détendent tous les muscles de notre visage et de notre cuir chevelu. Effectuons-les avec la partie charnue de l'extrémité de nos doigts en décrivant des cercles avec fermeté et douceur, trois cycles pour chacun :

- le front, du centre vers les tempes sans oublier les sourcils,
- les orbites oculaires, du coin interne des yeux vers les tempes,
- partant du coin interne des yeux, nous massons le nez, la base du nez, la lèvre supérieure, les joues, les paumettes et terminons par l'articulation de la mâchoire,
- la lèvre inférieure, la mâchoire inférieure et l'articulation maxillaire,
- le tour de l'oreille, en passant par le devant, le haut, l'arrière sur la boîte crânienne, les muscles de la nuque,
- les oreilles en terminant par un doux et ferme allongement des lobes,
- le cuir chevelu, du front à l'occiput.

Reste à reposer nos mains sur nos cuisses, à fermer les yeux, être à l'écoute des sensations du visage puis à accueillir un soupir pour bien intégrer la sensation de bien-être, de bonheur calme que les massages procurent.

Le massage du ventre décongestionne les organes digestifs et active le transit intestinal. L'extrémité des doigts presse chaque région profondément et souplement. C'est durant une longue et tranquille expiration qu'il s'effectue et se termine sur la poussée des mains par le diaphragme. Voici les repères :

- le plexus,
- le foie et l'estomac,
- la vésicule et la rate,
- de part et d'autre du nombril, l'intestin grêle,
- sous les côtes de chaque côté de la colonne vertébrale,
- entre le plexus et le nombril avec un pouce,
- entre le nombril et le pubis, centre énergétique et de gravité.

Les frappes stimulent certains points énergétiques, méridiens et régions accumulatrices de tensions. Elles sont fermes mais les mains sont douces.

Des poumons à l'insertion du pectoral, du deltoïde et de la clavicule un des points du méridien de la vésicule biliaire à la base du cou légèrement vers l'arrière et latéralement.

De l'épaule au poignet en descendant sur la face interne et en montant sur la face externe du bras,

La zone lombaire, sacrée et fessière :

- partant de chaque côté de la première vertèbre lombaire, on frappe en descendant progressivement vers le sacrum,
- on reprend du haut mais plus à l'extérieur des muscles lombaires vers le pourtour du sacrum jusqu'à la hauteur du coccyx,
- on stimule le bas du dos puis les fesses pour terminer aux creux fessiers.

Reprenant la posture du diamant, nous apprécions nos sensations internes, notre schéma corporel, notre respiration axiale active et notre état détendu et dynamique. Après un soupir, nous nous relevons centrés pour terminer par la posture de l'homo sapiens.

**Voici donc un enchaînement très efficace que chacun peut entreprendre sans risque.**

## CONCLUSION

Quoique notre calendrier chrétien nous place à la fin d'un siècle et au début d'un autre millénaire, ce n'est pas en sombrant dans la phobie du millénaire nouveau que l'Aï-Doï a été mis au point. Les rapports sociaux et économiques sont devenus particulièrement violents et plus grand-chose ne freine les humains dans ce processus d'individualisme qui crée tant de souffrances.
Il débute d'une simple dispute et s'enflamme jusqu'au génocide. Les arts martiaux, la voie du zen et le hatha yoga, ancêtres de l'Aï-Doï sont des écoles d'éducation à la non-violence et au développement personnel, à condition que les pratiquants soient sincères et/ou que le professeur soit un authentique professeur de vie.

La découverte des ressources offertes par cette conscience biologique dormant dans nos cellules et toute une dynamique d'attention à nos productions mentales, expressives et comportementales vont offrir à l'Aïdoïste un cadre d'émerveillement dans la construction de lui-même par l'éclosion de son individualité et l'instauration d'échanges authentiques avec les autres.

La conscience de la vie qui l'habite et qu'il est, ainsi que la gestion de son humanité va accélérer son évolution dans l'espèce humaine. Il contribuera à une vie meilleure dans son propre être et dans tout son entourage, semant des grains d'humanisme, réconcilié avec Dame Nature.

De chenille dans son cocon et par la pratique de l'Aï-Doï, elle ou il, sortant de sa chrysalide, deviendra papillon qui enchante tant d'yeux pour transporter de fleur en fleur le pollen d'une intégration consciente de l'humain actuel et à venir, dans la riche diversité du vivant. Il devient acteur de son présent, de son avenir et de l'évolution. C'est ainsi que l'Aï-Doï propose un autre esprit en action pour le vingt et unième siècle.

De toutes ces années d'étude, d'expériences et d'observations, j'ai pu constater que ce que l'on nomme communément les « arts martiaux » étaient très souvent enseignés, vécus comme des arts externes : yang. Ils conviennent à une population qui a besoin de cette approche avant de rentrer dans une autre dimension que seuls les maîtres authentiques connaissent et enseignent à leurs disciples. Un disciple est ainsi un élève prêt à suivre une voie de recherche intérieure, de connaissance de soi, du démasquage et du contrôle de l'ego.

La Voie du zen est à la fois yang et yin.

Le hatha yoga m'a donné à connaître l'aspect yin : les sensations et conscience internes.

Cette dimension yin est importante pour passer du dualisme à réponses virile et masculine, yang, à l'intégration de l'énergie des autres, yin, puis à la transformation de cette énergie pour enfin produire une action adaptée, yang, mais douce et non égotique. Les arts martiaux externes évolueraient certainement s'ils utilisaient en complément l'étude interne telle que le propose *L'Éveil du 6e sens.* Cette dimension yin, féminine, est indispensable pour intégrer les informations, les perceptions. Lorsqu'elles sont nouvelles, elles perturbent l'être qui les reçoit. Nous les gérerions par ces ressources créées grâce aux sensations internes. Sorte de placard prêt à recevoir de nouveaux ustensiles qui serviront pour améliorer la dextérité du cuisinier et régaler les convives… Ainsi, nous intégrerions mieux l'autre en acceptant ces nouvelles énergies, elles nous nourriront. Sans cette capacité cette dynamique aurait pu nous perturber, nous l'aurions repoussée, nous l'aurions fuie ou nous l'aurions subie. Plus nous éveillerons ce sixième sens, plus notre « moi » sera l'image consciente, sensitive de notre dimension physique et biologique. Cette conscience construit une personnalité dont l'ego mental perd peu à peu sa suprématie par l'épanouissement du « moi » sensitif : image concrète. Cet enrichissement apporte aux actions un espace nouveau que les adeptes des « arts martiaux » ne sauraient laisser de côté car c'est une clé déterminante pour gravir les échelons de leur art. Entendons aussi par « gravir » : évoluer grâce à l'outil qu'est leur art.

L'externe et l'interne, le yang et le yin retrouvent leur dynamique complémentaire naturellement fructueuse et équilibrante. L'être a ainsi la porte de la Voie à portée de main : il est prêt pour trouver le Maître.

Bonne route. Respectueusement.

*Éditeur :*
LES ÉDITIONS DE L'ÉVEIL
77123 Noisy-sur-École

*Imprimeur :*
PUBLIGRAPHIC
53000 Laval

Dépôt légal : Août 1998